내 기분 사용법

THERAPIE TO GO
: 100 Psychotherapie Tools für mehr Leichtigkeit im Alltag
by Sacha Bachim

© 2022 by Remote Verlag
Korean Translation Copyright © 2023 by Across Publishing Group Inc.
All rights reserved.

The Korean language edition is published by arrangement with
Remote Publisher through MOMO Agency, Seoul.

이 책의 한국어판 저작권은 모모에이전시를 통해
Remote Publisher사와 독점 계약한 어크로스출판그룹(주)에 있습니다.
저작권법에 의하여 한국 내에서 보호를 받는 저작물이므로 무단 전재와 복제를 금합니다.

내 기분 사용법

불안을 다스리고, 자존감을 높이는
100가지 심리 도구

사샤 바힘 지음 | 이덕임 옮김

어크로스

차례 ————————————————————————

비밀의 도구 상자

심리 치료사*는 다들 커다란 도구 상자를 하나쯤 가지고 있다. 그 안에는 펜치나 십자드라이버, 육각 드라이버 등 온갖 도구들이 들어 있고, 심리 치료 과정에서 환자들을 위해 그중 올바른 도구를 찾아 사용할 수 있다.

물론 과학적으로 볼 때 심리 치료의 방법은 단순한 요령이나 방편이 아닌 임상 치료의 맥락에 놓여야 한다. 하지만 생각과 방법을 일깨우는 여러 치료 방식을 실용적으로 사용하는 일도 가능하다. 이는 우리의 사고 체계를 자극하고, 전반적인 삶의 질을 향상하는 데 도움을 준다. 게다가 마음의 건강을 위한 예방 조치가 해가 될 리는 없지 않은가!

---

* 가독성을 위해 이 책에서는 모든 성별을 지칭하는 명칭에 남성형을 사용한다. 이는 당연히 남녀 구분 없이 모든 사람을 가리키는 것이며, 어떤 차별의 의미도 없다는 것은 굳이 말할 필요도 없겠다(독어는 남성형 명사와 여성형 명사를 사용하는데, 여기서 심리 치료사를 뜻하는 'Psychotherapeut'는 남성형 명사다-옮긴이).

환자들을 상담하면서 나는 종종 '와, 이 방법이 이분에게 정말 효과가 있네(그렇지 않으면 나도 다른 직업을 찾아야 할 텐데 다행이야)'라고 생각할 때가 있다. 동시에 이런 생각이 드는 것이다. '그런데 이 방식이 다른 모두에게도 도움이 될 수 있겠는걸!'

어떤 면에서는 심리 치료사인 나 자신이 마치 마술사처럼 느껴지기도 한다. 물론 심리 치료는 미리 짜놓고 시작하는 마술 쇼 같은 것과는 아무런 상관이 없다. 다만 마술사들은 직업상의 비밀 혹은 명예 때문에 자신의 속임수를 공개하지 못하는데, 심리 치료사의 접근 방식이나 기술도 이와 비슷한 부분이 있다. '심리 치료사의 마술 쇼'는 대개 'VIP 관객들'을 위한 것이다. 입장권으로는 진단서가 필요하다. 따라서 행복한 삶을 위한 비밀 처방전은 굳게 닫힌 진료실 안에서, 예약 환자에게만 조금씩 공개된다. 사실 꽤 치사한 일 아닌가?

내가 이 책을 쓰게 된 이유가 바로 여기에 있다. 이제부터 마술사의 내부 규정을 어기고, 비밀의 도구 상자 안을 함께 들여다보자. 솔직히 우리 모두 '마음의 나사' 하나씩은 풀려 있지 않은가!

PART

①

결심의 도구

CHAPTER

내 인생, 대체 어디로
흘러가는 걸까?

- 불안을 다스리는 법 -

**인간은 목표를 추구하는 동물이다.
인간의 삶은 목표를 향해 나아가고
노력할 때만 의미가 있다.**

– 아리스토텔레스

―― 태초에 목표가 있었다. 발전의 욕구가 없었다면, 우리 인간은 진화는커녕 지금까지도 석기시대의 축축한 동굴에서 쓸데없이 시간만 축내고 있을 것이다. 목표와 결심은 우리를 지지하고, 방향을 제시하며, 자아실현을 위한 중요한 이정표의 역할을 한다.

우리가 의식적으로 혹은 무의식적으로 설정하는 목표는 인생의 방향을 결정하며, 삶 전체에 의미심장한 영향을 미친다. 그러니 오늘 신고 나갈 양말의 색을 고민하기보다는 삶의 목표에 대해 좀더 깊이 생각해보는 편이 낫지 않을까? 아이들을 전혀 좋아하지 않는데 대체 왜 유치원 교사를 한 걸까, 하고 임종 직전에야 자문한다면 정말 안타까운 일이다. 또 한낱 종이 뭉치에 불과한 것을, 왜 평생 돈을 모으지 못해 안달복달했는지 뒤늦게 후회해봤자 소용없다.

다음 단계의 멋진 해결책을 찾기 전에 현재 상황부터 살펴보는 편이 좋겠다. 삶에서 무엇을 바꾸고 싶은지 어떻게 알 수 있을까? 먼저 내가 얼마나 행복하고, 충만하며, 자유로운지를 파악해야 한다!

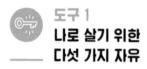

도구 1
나로 살기 위한
──── 다섯 가지 자유

가족 치료의 선구자 버지니아 사티어는 우리가 타고난 잠재력에 도달할 수 있게 하는 '다섯 가지 자유'에 대해 설명했다.[1]

- 과거에 있었거나 앞으로 있어야 할 것 대신, 지금 여기에 있는 것을 보고 들을 자유
- 내게 기대되는 것이 아닌, 내가 진정으로 느끼고 생각하는 바를 말할 자유
- 어떤 감정을 느끼는 척할 필요 없이, 내 감정을 그대로 따를 자유
- 항상 허락을 기다리는 대신, 내가 필요한 것을 요구할 자유
- 안전하게 행동하고 새로운 도전을 피하는 대신, 위험을 감수할 자유

이 다섯 가지를 기준으로 나의 자유로움을 평가해보자. 그리고 보다 자유롭게 살 수 있겠다는 결론을 얻었다면 그 깨달음이 목표

에 전달되도록 해보자. 지금 여기서 진실한 삶을 누리고, 경험을 받아들이고 표현하며, 스스로를 씩씩하게 돌보고, 두려움과 불안을 극복할 수 있는 목표를 세우는 것이 중요하다.

목표에는 좋은 목표와 나쁜 목표가 있고, 구체적인 목표나 모호한 목표도 있으며, 사려 깊은 목표 혹은 완전히 어리석은 목표도 있다. 무엇보다 실현되지 못한 목표가 차고 넘친다.

- 나는 좀더 느긋한 사람이 되고 싶어!
- 관계를 개선하고 싶어!
- 두려움을 없애고 싶어!
- 자신감 있는 사람이 되고 싶어!
- 보다 조화롭고 행복한 사람이 되고 싶어!

모두 우리가 설정할 수 있는 목표의 좋은 예다. 그런데 실현하기가 어려운 목표는 대개 언어 자체의 모호성에서 시작하는 경우가 많다.

그리스어를 배우겠다는 목표를 세웠다면 매일 두 시간씩 책상 앞에 앉아 공부에 매진할 수 있다. 의욕을 계속 유지할 수만 있다면, 언젠가는 그리스어를 마스터할 가능성이 꽤 높다. 그럼 그리스인 이웃들의 시끄러운 말다툼 소리가 실은 사랑의 대화였음을 알게 될지도 모른다.

하지만 행복해지기로 결심했다면, 상황은 퍽 복잡해진다. 매일 책상 앞에서 훈련하고 노력하는 것만으로 과연 행복해질 수 있을까? 내가 목표에 도달했다는 사실은 언제 알 수 있지? 이에 목표심리학은 성공적인 목표 설정을 위한 '스마트SMART'의 기준을 제시한다.

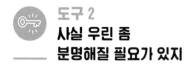

도구 2
사실 우린 좀
분명해질 필요가 있지

'스마트'[2]는 다음과 같은 특징을 지닌 목표를 말한다.

- 구체적이고 specific
- 측정 가능하며 measurable
- 매력적이고 attractive
- 현실적이며 realistic
- 기한이 정해진 time-limited

즉 목표는 가능한 구체적이어야 하고, 성공 여부를 쉽게 측정할 수 있어야 하며, 그 자체로 매력적이면서도, 각자의 현실에 맞게 조정돼야 하고, 일정 기간 내로 달성될 수 있어야 한다.

앞으로 목표를 세울 때 스마트 기준을 적용해보자. 예를 들어 '외롭지 않기'를 바라는 대신 '다음 달까지 적어도 한 명의 새로운 지인을 사귀겠다'고 결심하는 것이다. 막연히 '날씬한 몸매'를 목표로 하기보다 '10주 동안 5킬로그램을 감량할 계획'을 세워보자. 연인과의 관계가 보다 깊고 풍성해지길 원한다면 함께한 시간 중 특히 언제, 무엇이 좋았는지 체크해보자.

모호하고, 비현실적이며, 결과를 평가할 수도 없는 목표는 그만! 이젠 똑똑하고 분명하게! 말 그대로 스마트하게!

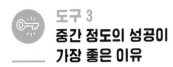

도구 3
중간 정도의 성공이
가장 좋은 이유

1950년대 동기심리학은 사람들이 목표를 설정하는 방법을 설명하고자 '기대 가치 모델'을 제시했다.[3] 이는 중요한 과제를 끝까지 끈기 있게 추구하려는 성취동기가 공식에 의해 결정된다는 이론이다. 이때 공식은 '성공에 대한 기대(목표 달성에 대한 성공 확률)'와 '성공의 가치(목표에 도달했을 때의 기쁨과 자부심)'라는 매개변수로

$$M \quad = E \quad \times W$$

성취동기 motivation = **기대** expectation × **가치** worth

구성된다.

서로 다른 거리(0~10미터)에 열 개의 막대기를 세워두고, 고리 던지기 게임을 한다고 해보자. 당신은 어떤 막대기에 고리를 던질지 목표를 택할 수 있다. 거리가 멀수록 성공 확률은 줄어들지만 반대로 성공의 가치는 증가한다.

바로 앞에 놓인 막대기에 고리를 끼울 확률이 가장 높지만, 이건 성공해도 별 의미가 없을 것이다. 아무리 운동신경이 최악이라 해도 그 정도는 가능하니 말이다. 반면 10미터나 떨어져 있는 막대기에 고리를 넣기란 거의 불가능하다. 하지만 성공만 한다면 무척 멋질 것이다. 그 장면을 유튜브에 올린다면 순식간에 인터넷 스타로 떠오를지도 모른다!

연구자들은 성취동기가 높은 사람은 '중간 정도의 성공 확률을 가진 목표'를 택할 가능성이 큰 반면, 성취동기가 낮은 사람은 '성공 확률이 매우 크거나 적은 목표'를 택할 가능성이 크다는 사실을 발견했다.[4] 고리 던지기 게임의 성패에 관한 공식은 다음과 같다.

거리										
0m	1m	2m	3m	4m	5m	6m	7m	8m	9m	10m

기대 (성공 확률)										
100%	90%	80%	70%	60%	50%	40%	30%	20%	10%	0%

가치 (성공했을 때의 기쁨과 자부심)										
0%	10%	20%	30%	40%	50%	60%	70%	80%	90%	100%

성취동기 (기대×가치)										
0	900	1600	2100	2400	2500	2400	2100	1600	900	0

즉 5미터 거리에 놓인 막대기를 목표로 한다면 성취동기가 최대치에 이를 수 있다. 물론 M = E × W 공식이 방정식처럼 정확히 들어맞지는 않지만, 성취동기를 강화하려면 중간 정도의 난이도와 보상을 지닌 목표가 좋다는 사실은 분명해 보인다.

기대 가치 모델의 돋보기를 통해 미래에 가능한 삶의 목표를 살펴보자. 성취동기를 강화하는 데 스스로 얼마나 기여할 수 있는지도 가늠해보자. 무엇보다 목표를 세울 때는 성공 확률과 성공의 가치 사이에서 균형을 찾는 것이 중요하다.

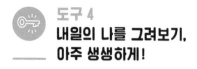

내일의 나를 그려보기, 아주 생생하게!

'기적 질문'은 목표와 소원을 다른 관점에서 바라보게 하고 더 구체적으로 만드는, 간단하면서도 매우 효과적인 방법으로 '해결 중심 단기 치료'의 창시자인 스티브 드세이저와 김인수가 개발했다.[5]

지금 눈앞에서 윙윙 날아다니는 요정을 상상해보자. 긴 수염의 마법사나 램프의 요정 지니도 괜찮다. 아무튼 이 마법의 존재는 내 소원을 들어주고 싶어 한다! 당장 실현되었으면 하는 바람들이 줄줄이 떠오를 것이다. 영원한 삶이나 로또 1등, 하늘을 날 수 있는 능력이나 작은 요트를 넣을 공간이 따로 있을 만큼 호화스럽고 거대한 요트 등등.

대뜸 소원을 말하기 전에, 현실의 반경을 벗어난 것은 살짝 접어두기를 권한다. 그보다는 분명 오랫동안 원했던 무언가가 있을 것이다. 늘 바랐던 현실적인 소원이 생각났는가? 좋다! 그렇다면 마법의 존재에게 그것을 주문한다고 상상해보자. 요정은 마법의 가루를 뿌리고, 마법사는 수염을 쓰다듬며 주문을 외우고, 지니는 자기만의 방식대로 움직일 것이다. 그리고 당신이 잠든 사이에 소원은 이루어질 것이다!

가령 행복해지고 싶다면, 내일 아침 일어났을 때 평소와 달리 행복감에 사로잡힌 나를 상상해보자. 만약 끊임없는 두려움을 없애고 싶다면, 밤새 그것들이 전부 사라졌다고 상상해보자. 좀더 단호해지고 싶다면…. 이제 내 말의 요지를 이해할 것이다. 물론 바람이 이루어졌다고 상상한다고 해서, 지금까지의 문제가 갑자기 해결되지는 않는다. 하지만 상상력 훈련은 꽤 놀라운 관점을 열어준다. 비현실적으로 들릴지 모르지만 한번 시도해보면 무슨 말인지 이해할 수 있을 것이다.

자, 이제 내일 아침을 어떻게 시작할지 구체적으로 떠올려보자. 뭔가가 바뀌었다면 가장 먼저 알아차릴 수 있는 변화는 무엇일까? 잠을 푹 잤나? 스마트폰 알람을 계속 끄며 뭉그적거리는 대신 가볍게 일어나 샤워했나? 평소보다 느긋하게 아침 식사를 즐기는 건 어떨까? 스무디나 팬케이크, 스크램블드에그로 식탁을 차리는 것도 괜찮겠다. 커피 한잔을 들고 발코니로 나가보는 건 어떨까? 기분 좋은 음악을 틀어보는 건? 다음의 질문들을 참고해 마음속에 떠오르는 순간들을 하나씩 자세하게 적어보자.

- 만약 기적적으로 소원이 이루어진다면, 내일부터 무엇이 달라질까?
- 나는 어떻게 변화할까? 사람들을 만날 때 지금껏과는 다른 행동을 할까? 감히 시도하지 못했지만 해보고 싶은 일이 있다면, 정확히 무엇인가? 얼마나 자주, 누구와 그 일을 하고 싶은가?

- 나는 어떻게 다르게 생각할까? 가령 고민을 덜 하고 싶었다면, 이제 고민 대신 어떤 생각을 할까? 스스로를 어떻게 볼까? 다른 사람들에 대해서는 어떻게 생각하게 될까? 또 내 미래는 어떻게 상상할까?

- 감정과 기분은 어떻게 변할까? 그동안의 불편한 감정이 사라질까? 아니면 적어도 그 강도가 줄어들까? 만약 감정을 0에서 10의 척도로 평가한다면 정확히 어느 정도일까? 다른 감정이 그 자리를 차지한다면 그건 무엇일까?

- 신체적으로는 어떤 느낌이 들까? 긴장이 좀 완화될까? 신체적 긴장을 0에서 10의 척도로 평가한다면, 얼마나 감소했을까? 고통 같은 불쾌한 감각을 덜 느낄 수 있을까? 아니면 전혀 느끼지 않게 될까?

- 내가 뭔가 변했다는 사실을 누가 알아차릴까? 같이 사는 파트너? 가족? 친구나 회사 동료, 아니면 이웃들? 그들은 나의 어디가 변했다고 생각할까? 내 태도? 행동? 혹은 언어 습관이나 보디랭귀지? 그 변화를 관찰하고 나서 사람들은 어떤 반응을 보일까?

이제 소원과 목표를 이루고 나면 어떨지, 구체적인 그림이 그려지는가? 이 기적 질문 연습은 세 가지 면에서 흥미롭다.

첫째, 우리는 상상력이나 최면요법 등을 사용해 어떤 상황을 그려보는 것만으로, 실제 상황과 유사한 감정 반응을 일으킬 수 있다는 사실을 알았다. 노력의 긍정적 결과를 구체적으로 상상하면 뇌의 보상 체계를 자극할 수 있다. 목표를 달성했을 때 느낄 만족감을 의식적으로 떠올림으로써 스스로 동기를 부여하고 인내심을 발휘할 수 있는 것이다. 가령 35도의 푹푹 찌는 더위 속에서 하염없이 잔디를 깎다가 기계를 내던지기 직전, 말끔하게 정리된 잔디밭에서 시원한 맥주를 마시는 모습을 상상해보면? 이 지긋지긋한 일이 지닌 가치를 인정할 수 있을 것이다.

둘째, 미리 작성해둔 기적 질문에 대한 답은 추후 목표에 도달했는지를 평가하는 기준으로 작용한다. 일종의 벤치마크를 갖게 된 것이다. 상상이 구체적일수록 성공 여부를 측정하기 쉽다. 예를 들어 좀더 여유롭게 일하기 위해 노력하고, 6개월 후 무엇이 변했는지 확인하고자 한다면 기적 질문에 대한 노트에서 평가의 지표를 찾을 수 있다. 즉 스트레스성 두통이 사라졌는지, 아침에 처음으로 떠오른 생각이 걱정이 아니라 기대였는지, 혹은 출근길에 더 이상 욕설을 내뱉지 않았는지 등을 체크해보면 된다.

내 상황과 상태를 숫자로 표시하는 일이 이상하고 낯설게 여겨질 수도 있다. 하지만 목표의 수치화는 상당히 유용하다. 의학이나 통증 연구에서도 환자가 고통에 대한 주관적 경험을 수치화하도록 '통증 척도'를 사용하곤 한다. 이를 통해 차별화된 신체 인식을 강화할 수 있으며, 환자에게 통증이 줄었는지 여부만 확인했을 때보다 더 정확하게 변화를 감지할 수 있다. 예컨대 현재 하루 동안의 평균 긴장도가 6점(10점 만점)으로 평가됐다고 해보자. 기적 질문을 통해 평균 긴장도가 4점으로 내려간 상태를 생생하게 그려보면 '좀더 편해지고 싶다'는 막연한 목표보다 훨씬 구체적이고 측정 가능한 목표를 세울 수 있다.

셋째, '목표 달성을 위해 세운 기준들'은 '목표를 실현하기 위한 길'을 보여줄 수 있다. 다음과 같은 상황이 실현됐다고 가정해보자. 소원이 이루어져 하룻밤 사이에 기분이 훨씬 나아진다면 아침에 요가를 하기 위해 일찍 일어나고, 직장에서의 작은 성취를 스스로 인정하며, 이웃에게 울타리를 정리해달라고 당당히 요청하고, 다시 춤을 추고, 더 자주 웃을 수 있게 될 것이다.

이제 알람을 평소보다 30분 일찍 맞춰놓고, 알람이 울리자마자 일어나서 단 한 번의 망설임도 없이 요가를 하겠다고 생각해보자. 직장에서 아무리 작은 일이라도 성공한다면 스스로 격려해주겠다고 결심해보자. 퇴근 후에는 이웃에게 친절하지만 단호하게 울타리를 정리해달라고 요구할 것이다. 저녁에는 주말에 춤추러 갈 약속을 잡기 위해 친구들에게 전화할 것이다. 밤에 TV 프로그램을 고를 때는 우울한 다큐멘터리보다 코미디를 택할 것이다. (믿거나 말거나, 코미디는 실제로 당신이 웃을 확률을 더 높여준다.)

이 모든 것이 이루어진다면 내일 밤 기분이 어떨지 상상되는가? 분명 훨씬 나아질 것 같지 않나? '상상한 결과'와 '실제 결과'의 연관성은 양방향으로 작용한다. 만약 내 상태가 좋아진다면, 많은 일들을 다르게 처리할 수 있다. 또한 많은 일을 다르게 처리한다면, 내 상태는 훨씬 나아진다!

기적 질문에 대한 메모를 다시 한번 살펴보자. 스스로 영향을 미칠 수 있는 기준이 있는가? 그렇지 않다면 조금 더 구체적으로 적어보자. 내일 바로 실천할 수 있는 하나 혹은 그 이상의 목표가 있는가? 삶에서 좀더 자유로워지고 싶다면 더욱더 스마트한 목표를 세워보자. 성취 가능한 매력적인 목표를 선택해 성취동기를 끌어올려보자.

문제를 풀다가 막히는 경우, 좌절하지 말고 이 문제가 해결된다면 어떨지를 상상해보자. '천릿길도 한 걸음부터'라는 속담도 있지만, 때로는 쌍안경으로 미리 도착지를 확인하는 편이 훨씬 효과적일 수 있다.

CHAPTER

②

실수 좀 한다고
인생이 끝나진 않아

- 걱정 달래기 -

**미친 짓이란
같은 일을 반복해서 하면서
다른 결과를 기대하는 것이다.**

– 알베르트 아인슈타인

—— 혹시 알고 있는가? 실은 단 한 번도 성공한 적 없는 전략에 지금껏 당신이 의지해왔다는 사실을 말이다. 어째서 수많은 사람들이 새해만 되면 과격한 '무탄수 다이어트'에 도전하는 걸까? 요요 현상 때문에 지난 20년 동안 거의 효과를 거두지 못한 방법인데 말이다. 아침마다 수면 부족으로 힘겹게 일어나면서도, 매일 잠자리에서 '이메일만 빨리 확인해야지' 같은 이유로 스마트폰에서 눈을 떼지 못하는 이유는 뭘까? 저녁 식사 후 파트너가 바로 그릇을 치우지 않으면 '내가 집안일을 얼마나 더 많이 하는지' 짜증을 내면서 따지는 건 왜일까? 그럼 상대는 더욱더 퉁명스럽게 반박할 거고, 결국 나는 화난 채로 설거지를 마치게 되리란 사실을 아는데도 말이다.

만일 어떤 행동이나 사고 패턴이 이미 999번가량 실패했고 심지어 1000번을 하더라도 다르지 않을 거라면, 어째서 우리는 그토록 끈질기게 구태의연한 태도를 고수하는 걸까? 심리학자 스티븐 C. 헤이스가 개발한 '수용 전념 치료ACT'는 은유적 설명을 취하는데 그중에는 '삽의 역설'이라는 예도 있다.[1]

길을 가다 구덩이에 빠졌다고 해보자. 곤경에서 벗어나려면 어떤 도구든 사용해야 한다. 하지만 불행히도 배낭에 들어 있는 것이라고는 한 자루의 삽뿐. 지금 상황에 딱 맞는 도구는 아니지만 이것밖에 없으니 어쨌든 뭐라도 해야 한다. 그리하여 당신은 결정을 내린다. '여기서 빠져나가려면 땅을 파는 수밖에 없어!' 당신은 힘껏 땅을 파고 파고 또 판다….

그리고 어느 순간, 삽으로 땅을 파는 행동이 위기에서 벗어나는 데 도움되지 않는다는 사실을 깨닫는다. 그래서 이렇게 생각한다. '아직 충분하지 않은 것 같아. 좀더 깊이 구덩이를 파보자.' 그리하여 계속 구멍을 파고 파고 또 판다. 그때 당신 머릿속 프로그램은 누군가가 사다리 같은 도구를 들고 나타날 수 있다는 가능성을 허용하지 않는다. 혹시 사다리를 건네받는다고 하더라도 이렇게 반문할 것이다.

"그걸로 제가 뭘 해야 하죠? 그걸로는 삽질을 못 하잖아요. 혹시 더 큰 삽은 없나요?"

인간은 습관의 동물이다. 이건 너무나 확실하다. 우리가 계속 같은 전략을 고집하는 이유는 이미 잘 알고 있는 것을 되풀이하는 관성 때문일까? 아니면 우리가 새로운 행동을 시도하는 것을 막는 그 무엇이 있는 걸까? 진화생물학에서 나름의 설명을 찾을 수 있다. 200만 년 전으로 거슬러 올라가 작고 평온한 계곡에 사는 석기시대의 한 가족을 상상해보자. 식량 자원이 풍부하지는 않지만 그들은 오랫동안 그곳에 머물고 있다. 매일 똑같은 일상이 반복된다. 남자들은 계곡으로 사냥하러 가고, 여자들은 동굴에서 집안일을 하며 아이들을 돌본다(여성해방은 아직 멀었다). 식량은 살아남기에는 충분한 정도다. 이웃 계곡에는 더 많은 식량이 있을지도 모르지만 그곳엔 검치호랑이가 도사리고 있을 수도 있다.

현재의 전략이 생존에 적당하다면 우리의 생존 본능(아직도 우리 모두에게 잠재된)은 익숙하고 오래전부터 알고 있는 것, 즉 낯설고 새롭고 '위험한' 것보다는 '안전한' 것을 선택하도록 만든다. 오늘날에도 자신이 속한 대륙이나 나라는 물론이고 심지어 동네를, 태어나서 한 번도 떠난 적 없는 사람들이 있다. 단지 그럴 기회가 없었거나 그럴 수 없어서만은 아니다. 습관 때문이라기보다 익숙하지 않은 것이 무서워서일 수 있다.

'카나리아제도에서 휴가를 보낸다고? 비행기 추락 사고라도 나면 어쩌려고? 갑자기 아픈데 우리말을 할 줄 아는 의사가 없다면

어떻게 해? 호텔에서 스페인 음식만 제공한다면 어쩌지?'

지인 중 누군가가 떠오를지 모르겠다. 아니면 당신이 그런 사람 중 하나일 수도 있고. 뭐 어떤가? 우리 모두 한낱 인간일 뿐이다! 심리학자 파울 바츨라비크는《황홀한 불행을 꿈꾸고 싶다》를 통해 가로등 밑에서 뭔가를 찾는 취객의 이야기를 들려준다. 경찰이 무엇을 찾고 있는지 묻자 그는 "열쇠 말이오!"라고 대답한다. 경찰은 열쇠 수색을 도왔지만 좀처럼 찾을 수 없었다. 잠시 후 경찰은 열쇠를 여기서 잃어버린 것이 확실한지 물었고 남자는 이렇게 답했다. "아니, 사실 여기 말고 저기서 잃어버렸소. 하지만 거긴 너무 어둡잖소."[2]

도구 5
변화는
작고 사소한 것부터

삶의 질을 향상시키고 싶다면, 손에 현미경을 들고 과거의 경험을 들여다봐야 한다. 내가 원한 성공을 가져다주지 못한 행동이나 사고방식이 무엇인지 곰곰이 생각해보자. 물론 이것은 말처럼 쉽지 않다. 우리는 자동화된 반응에 대해 의식적으로 생각해보는 습관을 갖고 있지 않기 때문이다. 그러니 앞으로는 실패했거나 불만족스러운 경우 스스로에게 세 가지 질문을 던져보자.

- 나의 전략은 무엇인가?
- 이것은 오래된 전략인가?
- 이 전략으로 성공한 적이 있는가?

답이 '그거야 늘 듣던 이야기지만, 그런 방식이 도움된 적은 한 번도 없었어'라면 진부하지만 간단한 해결책이 있다. 천재적인 방법이라고도 할 수 있는데, 바로 다른 것을 시도해보는 것이다! 바츨라비크는 이것을 '같은 행동 덜 하기' 전략이라고 부른다.

이쯤에서 이런 생각을 하는 사람도 있을 것이다. '흠, 대단하군! 고작 다른 일을 해보라는 소리나 들으려고 이 책을 돈 주고 샀단 말인가?' 대체 어떤 짜증나는 인간이 이 책을 크리스마스 선물로 줬는지 떠올려보기 전 잠깐만 생각해보자. 원하는 목표에 도움되지 않는 행동을 바꾸라는 이야기가 분명 획기적인 제안은 아니다. 하지만 그것을 실천하기란 엄청나게 어렵다는 사실을 알아야 한다. 우리는 매일 똑같이 자동화된 반응 패턴에 의존하기 때문이다.

당신의 삶이 동그랗게 놓인 기찻길이라고 상상해보자. 달리다보면 썩은 달걀 냄새와 비바람이 내리치는 황량한 공업지대를 여러 번 지나치게 될 것이다.

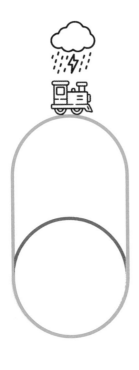

어느 날 문득 당신은 지름길로 가볼 수도 있겠다는 생각을 하게 된다. 새로운 길은 꽃향기로 가득하고 매일 햇살이 환하게 비친다. 하지만 이 길은 누구도 가본 적이 없다. 기찻길 위로 잡초가 무성하게 자란 탓에 천천히 헤치고 지나가야 한다. 새로운 길이 훨씬 멋지다는 사실은 알았지만, 모든 것이 이전 길보다 힘들고 피곤하다는 사실 또한 알았다. 기차는 계속 덜컹거리고 덩달아 온몸이 흔들린다. 그리고 선로가 원을 그리기에 결국 다시 옛길로 나오게 된다.

이제 당신은 또다시 갈림길에 서서 선택할 수 있다. 오래되고 낡았지만 익숙한 길을 갈 것인가, 아니면 새롭고 아름답지만 아직 낯설게 느껴지는 길을 갈 것인가? 한 번 더 지름길을 택한다면, 길의 상태가 전보다는 조금 나아졌을 것이다. 이 선로는 점점 좋아져서 마침내 아무런 문제 없이 기차 여행을 할 수 있게 된다. 반면 오래된 선로는 시간이 지날수록 계속 낡는다.

행동을 바꾸는 것은 학습 과정이다. 기차가 지나갈수록 선로가 매끄러워지듯, 새로운 학습경험을 할 때마다 뇌의 영역도 확장되어 전기화학적 신호를 더 잘 전달하게 된다. 운전면허가 있다면 처음 연수를 받던 날을 기억할 것이다. 정말 잘하고 싶은 마음과 함께, 절대 해낼 수 없을 것 같은 기분이 들지 않았나? 그런데 어느 순간 자연스레 운전이 편해지지 않았나? 새로운 언어나 악기를 배울 때도 이와 비슷하며 심리 치료 또한 마찬가지다. 어떤 경우에는 단 한 번의 새로운 학습경험만으로도 새로운 길이 열리기도 한다. 하지만 대부분의 경우 새로운 길에 익숙해지려면 약간의 훈련이 필요하다.

오래된 선로는 결코 완전히 사라지지는 않는다. 몇 년이 지난 후에도 피곤하거나 산만해지거나 혹은 부정적인 감정에 사로잡히는 바람에, 새로운 길로 스위치를 전환할 순간을 놓칠 수 있다. 그리고 다시 옛길로 돌아가는 자신을 볼 수 있다. 하지만 그때 선로가 동그랗게 배열되어 있다는 점이 위안이 된다. 좌절하거나 자책하거나 불안에 떨지 말고, 다음 운행 때는 교차로를 알리는 신호등에 좀더 주의를 기울여보자.

인지 행동 치료는 특정 사고와 행동 패턴을 확인하고, 시험 단계에서 대안적 반응을 시도할 수 있는 '행동 실험'을 제안한다. 하룻

밤 사이에 행동을 180도 바꾸라는 이야기가 아니다. 단지 다양한 변수들이 결과에 어떤 영향을 미치는지 실험하는 과학자 같은 태도를 취해보라는 뜻이다. 실험 결과는 상세히 기록하고 평가해야 한다. 그리하여 원하는 결과에 더 가까워지도록 만드는 새로운 행동들을 반복함으로써 새로운 습관을 형성할 수 있다.

요리를 비유로 들어, 당신이 연어 요리에 늘 딜dill 같은 허브를 사용한다고 해보자. 당신은 연어를 살 때마다 습관적으로 딜도 함께 구매한다. 항상 그래왔기 때문이다. 어쩌면 당신의 어머니도 언제나 그런 식으로 요리했을 수 있다. 그런데 당신이 정말 딜을 좋아하는지, 의식적으로 물어본 적이 있는가? 일단 진정하시라. 이제부터 연어 요리에 허브를 넣지 말라는 얘기가 아니다. 이 실험이 제안하는 바는 그저 다른 재료를 한번 시도해보라는 것이다. 새로운 요리의 결과가 마음에 든다면, 그 레시피를 자주 활용하면 된다. 마음에 들지 않는다면, 하나 혹은 여러 재료를 바꿔서 다음 실험을 해봐도 된다. 필요할 경우 언제든 딜을 사용하는 레시피로 돌아가도 된다. (그런데 딜이 들어간 요리를 대체 누가 좋아하는 걸까?)

이처럼 단순하고도 경험적인 접근법은 지속 가능한 행동 변화에 대한 장벽을 낮출 수 있다. 내성적이지만 더 많은 사회적 접촉을 원하는 사람을 예로 들어보자. 하루아침에 외향적인 '인싸'가 되겠다는 목표를 세우기보다는, 버스에서 옆자리 승객과 사소한 잡담을 나눠보는 일회성 실험을 하는 편이 훨씬 현실적이지 않을까? 아침마다 허둥지둥 출근했다가 복통으로 하루를 시작하는 사람이라면? 이불 속에서 '좀더 여유롭게 살아야지!'라며 주먹을 쥐고 결심하기보다는, 일주일 동안 매일 30분씩 일찍 일어나 아침 식사를 하는 편이 더 나은 실험일 테다.

새해 결심이 번번이 수포로 돌아가는 이유는 대개 우리가 스스로에게 가하는 압박과 스트레스 탓이다. 가령 매년 12월 31일이면 나는 굳은 결심을 한다. "내년에는 주말에만 술을 마시는 습관을 들이겠어!" 하지만 새해 첫날이 되면 가족 모임에서 축배를 들어야 한다며 스스로를 설득하고, 별 저항 없이 바로 굴복한다. 좋은 결심은 어느덧 사라진다. 원하는 변화를 이루기 위해서는 다시 엄청난 동기부여와 훈련이 필요할 것이다.

실험은 다르다. 우선 실험은 나를 무엇에도 얽매지 않는다. 나는 다만 나의 행동 변화를 시험하는 것뿐이다. 예를 들어 나는 앞으로는 어떤 모임에서도 술을 마시지 않기로 결심한다. 아무리 주변 사람들이 즐겁게 술을 마시고 있더라도 말이다. 그런 다음 그 경험을 평가하고, 이 새로운 행동을 계속 되풀이하고 싶은지 스스로 묻고 답한다. 즉 행동 실험은 일반적인 반응 행동에 대한 대체 전략을 시험하는 것이다.

'불안한 완벽주의자'를 위한
처방

'증상 처방'은 우리가 보통 피하고 싶어 하는 증상, 즉 어떤 일이나 생각을 의식의 표면으로 드러내도록 제안한다. 혹시 실수를 두려워하는 완벽주의자인가? 그렇다면 그 반대의 일을 해보라. 즉 일부러 실수를 해보는 것이다. 예를 들어 다음번에 메일을 쓸 때는 일부러 오타가 나게 해보라. 식당에서 물을 쏟거나 신발끈을 풀어 놓은 채 걷는 것도 좋다.

맞다. 잘못 들은 것이 아니다. 필사적으로 당신이 피하고 싶은 바로 그 일을, 일부러 시도해보라고 했다. 물론 이것은 하나의 실험이다. 가능하다면 스스로나 타인에게 해를 끼치지 않는 선에서, 자그만 잘못을 저지르는 실험도 함께해보자. (물론 우회로에서 잘못 운전하다 경찰에게 걸렸을 때 내가 시켰다고는 실토하지 않기 바란다!) 이처럼 의도적으로 불완전함을 추구한 다음에도 당신이 걱정했던 바와 달리 세상이 끝나지 않았다면? 이제 그 결과를 평가해보자.

- 이 '잘못'이 내 삶에 명백히 부정적인 결과를 가져왔나?
- 주변 사람들이 내가 저지른 이 '잘못' 때문에 나를 깎아내리거나 덜 친절하게 대했나?

- 뭔가 달라진 게 있다는 사실을 눈치챈 사람이 있었나?
- 불완전한 행동이 불러온 미미한 결과를 고려한다면, 지금 스스로 에게 요구하는 완벽주의를 위해 그토록 많은 에너지를 쏟을 가치 가 있을까?

때로 증상 처방은 전혀 예상치 못한 통찰력을 안겨주기도 한다. 증상을 억제하기 위해 채택한 전략이 비효율적일 뿐 아니라 오히 려 역효과를 낼 수도 있다는 깨달음이 그것이다. 100여 년 전 쥐를 대상으로 한 연구 결과를 인간에게 적용한 '여키스-도드슨 법칙'[3]은 각성(긴장·공포·스트레스)과 성과(생산성·효과)의 관계를 역逆U곡 선으로 설명한다.

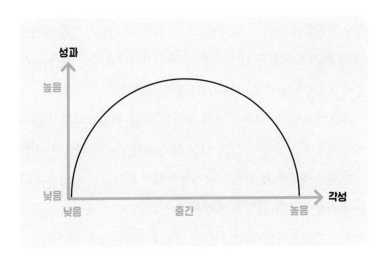

각성도가 올라가면 성과도 높아진다. 하지만 긴장감 등이 일정 수준을 넘으면 성과는 오히려 떨어진다. 즉 압박이나 긴장 등은 성과를 향상시키는 데 부분적 효과만 있을 뿐이다. 커피를 사서 사무실로 걸어가며, 새 신발을 사고 싶다는 생각을 한다고 해보자. 이동 중 커피를 쏟을 확률이 얼마나 될까? 그리 높지는 않을 것이다. 이제 같은 일을 다시 한다고 해보자. 단 이번에는 '절대로 커피를 쏟으면 안 돼!'라고 생각해보라. 무슨 일이 일어날까? 자연스레 진행되던 행동에 갑자기 모든 주의가 쏠리고, 강박적 생각으로 인해 압박이 커지므로 몸은 긴장되고 떨리기 시작할 것이다. 사무실까지 걸어가는 길이 예전보다 훨씬 길게 느껴진다.

많은 사람들이 무의식적으로 '나는 실수하지 말아야 해!' 전략을 내면에 저장해왔다. 하지만 지나친 완벽주의는 실제로는 더 많은 실수를 하도록 만들 수 있기에 그다지 유용하지 않다. 그런 의미에서 증상 처방 실험은 덜 완벽한 전략이 압박감을 줄일 뿐 아니라 오히려 성공적일 수 있다는 깨달음을 안겨준다.

나의 환자 중 한 명은 동료가 농담을 할 때 웃음이 나오지 않아서 두려움에 시달렸다. 그는 '나는 꼭 적절한 반응을 해야만 해'라는 전략을 채택했고, 이는 누군가가 농담을 하면 즉시 긴장하게 하는 결과를 낳았다. 불길한 예감은 들어맞았고 그는 팽배한 긴장감에 도무지 웃을 수가 없었다. 나는 그에게 증상 처방을 제안했다.

"다음에 직장 동료가 농담을 한다면, 어떤 상황에서도 웃으면 안된다고 생각하세요!"

그는 나의 제안이 자신의 증상을 악화시킬 뿐이라고 분개하며 반대했다. 하지만 다음 상담 시간, 그는 용기를 내서 내가 이야기한대로 시도해봤다며 자랑스럽게 말했다. 결과는 놀라웠다. 그는 평생 남의 농담에 그렇게 크게 웃어본 적이 없었다! 이후로 그의 강박은 사라졌다. 즉 때로는 구덩이에 빠졌을 때 삽으로 깊게 파고드는 전략이 효과가 있을 수도 있다. 어느 순간, 삽이 툭 부러질 수도 있는 것이다!

도구 7
설사 내일은 부아가 치밀더라도… 일단 오늘은!

행동 실험의 또 다른 버전은 증상, 즉 고민 같은 것으로부터 멀어져 휴식을 취하는 것이다. 나를 괴롭히는 어떤 것으로부터 하루쯤 벗어날 수 있다고 해보자. 예를 들어 아침에 일어나 '상사에게 받는 스트레스를 오늘은 보류하겠다'고 결심하는 것이다. 물론 그는 '휴일'에도 나를 자극함으로써 마음을 심란하게 만들 수 있다. 하지만 그것이 내게 영향을 미치도록 내버려두지 마라. 최소한 '휴일'에는 말이다. 물론 내일은 그 멍청이 때문에 열받아서 담즙이 끓어오르더라도, 어쨌든 오늘은 휴일이니까!

너무 비현실적으로 들리는가? 맞다. 우리 삶은 이런 식으로 간단하게 미화할 수 없다. 내가 아무리 구체적으로 상상한다고 해도 상사가 나를 괴롭히는 일을 그만두지는 않을 테다. 하지만 제한된 형태로나마 이런 실험을 진행함으로써 나의 태도를 조절하는 일은 가능하다. 그리고 장기적으로 스스로에게 도움되는 매우 흥미로운 통찰력을 얻을 수 있을지도 모른다. '일단 다른 것을 해보라'는 제안이 그리 어리석게 여겨지지 않는다면 행동 실험을 실행할 수 있는 다양한 방법이 있다.

도구 8
'고민'할 시간에 '고'!

여러 체계적 치료 방식 중 '우연'이 결정적 역할을 하는 치료법이 있다.[4]

- 예를 들어 동전 던지기로 결정한다. 뒷면이 나오면 나는 여느 때와 같이 여자친구가 "이 정도면 스토커"라고 비난할 때까지 전화

하며 집착하는 모습을 보일 것이다. 앞면이 나오면 다른 전략을 택한다. 어렵더라도 하루에 두 번 문자를 보내는 정도로 만족하는 것이다.

- 아니면 일주일을 나누어 두 가지 행동을 번갈아 해보기로 한다. 월요일과 수요일, 금요일은 지금까지 그래왔듯 가족들과 함께 TV를 켜놓은 채 저녁 식사를 한다. 화요일, 목요일, 토요일은 TV를 끈다.

이런 실험을 통해 직접적인 비교가 가능하다.

- 여자친구와의 소통이 즐거웠던 날은 언제인가? 동전의 앞면이 나온 날? 아니면 뒷면이 나온 날?
- 가족들과 화목한 저녁 식사 시간을 보낸 날은 언제인가? 월수금? 화목토?

더 나은 결과로 이어진 행동 전략을 더 자주 반복하는 편이 논리적으로 맞지 않을까? 선뜻 결정을 내리기 힘든 중요한 문제에 대해 '우연'에 물어보는 것도 그리 나쁘지 않은 방법이다. 걱정 마시라. 만약 동전 던지기의 결과가 당장 연인의 짐을 싸라고 나왔다고 해서 꼭 그렇게 할 필요는 없으니까 말이다. 이 실험은 단지 자신의 직감을 좀더 가까이 대면할 수 있는 기회를 준다. 동전의 앞면이 내린 결정이 너무 이상하게 여겨지면, 다시 동전을 던져 뒷면이 나오게 하면 된다. 이제 기분이 좀 나아졌는가?

도구 9
걱정이 현실이 되지 않게!

인지 행동 치료는 고착화된 생각을 시험하기 위한 행동 실험을 문서로 준비한 다음 행동을 취하기를 권한다.[5] 예를 들어 다음과 같은 프로토콜을 사용할 수 있다.

실험 전

- 고착화된 생각을 설명하라.
  - 다른 사람들 앞에서 말해야 하는 상황이 오면 나는 분명 바보짓을 할 거야.
- 이 생각을 테스트하는 데 활용하려는 실험에 대해 적어보라(가능한 구체적으로 설명하라).
  - 다음 회의 때 일부러 자원해서 분기별 결과를 발표해보겠어.
- 당신이 작별하고 싶은 이전의 행동 방식은 무엇인가?

- 걸핏하면 얼굴을 붉히거나, 눈을 마주치는 것을 피하고, 노트만 쳐다 보거나, 빨리 끝내려고 허둥댄다.

- 당신이 생각한 대로 실험을 진행한다면 어떤 일이 일어날 것 같은가?

  - 프레젠테이션 시간이 다가오면, 나는 혼란스럽고 떨리고 진땀이 나고 완전히 당황할 거야!

- 왜 그 생각이 실현될 거라 생각하는가?

  - 발표는 완전히 실패할 거니까. 동료들은 나를 비웃고, 상사는 분명 나를 꾸짖을 테니까.

- 당신의 생각이 옳다고 얼마나 확신하는가?(0~100퍼센트)

  - 75퍼센트.

실험 후

- 실제로 어떤 일이 있어났는가?

  - 처음에는 긴장하고 노트를 계속 곁눈질했지만, 곧 동료들의 눈을 보려고 노력했고 큰 실수 없이 발표를 마칠 수 있었다.

- 당신의 생각은 실현되었는가?

  - 아니다. 동료들은 화면에 뜨는 숫자나, 스마트폰의 소셜미디어 피드에 더 관심이 많은 듯했다. 상사는 발표가 끝난 후 내게 짧은 감사를 표하고 다음 안건으로 넘어갔다.

- 고착화된 생각이 실현될 가능성은 얼마나 되는가? (0~100퍼센트)
  - 0퍼센트.
- 더 새롭고 현실적인 마음가짐은 무엇일까?
  - 사람들 앞에서 말해야 할 때 처음에는 긴장할 수 있어. 하지만 그렇다고 해서 창피해할 필요는 없어!

이 모든 것이 마치 학교 숙제처럼 들려서 벌써 지겹다는 생각이 든다면? 그 보상은 노트 속 '참 잘했어요' 도장이 아니라 삶의 질 향상이라는 사실을 기억하라. 물론 이 또한 선생님의 설교같이 느껴질 수 있다. 하지만 행동 치료에서는 '글쓰기 과제'가 매우 성공적인 전략임이 여러 번 증명되었다.

지켜지지 않는 새해 결심이 매년 반복되리라는 사실을 이미 알고 있다면, 그것의 유효성과 관련하여 습관을 확인할 필요가 있다는 원칙을 명심하자. 그리고 그 행동이 전혀 유효하지 않다면, 뭐라도 다르게 행동해보자!

'미루기의 천재들'을
위한 조언

- 우물쭈물과의 작별 -

머리로 벽을 뚫으려 하기 전에,
당신이 옆방에서 무엇을 하고 싶은지
먼저 생각해보라.

- 격언

——— 어떤 문제에 부딪혔다고 치자. 그것은 큰 문제일 수도, 아주 작은 문제일 수도 있다. 가령 배우자와의 관계가 불만족스러울 수 있다. 아니면 상사가 강요하는 것을 어떻게 처리해야 할지 모를 수도 있다. 오늘 밤 칠면조 가슴살과 라타투이를 먹을지, 아니면 냉동 피자를 먹을지 정하기가 매우 어려울 수도 있다. 물론 이것들이 삶에 미치는 영향은 각기 다르다. 그럼에도 불구하고, 문제는 문제다. 그리고 우리 인간은 문제를 그다지 좋아하지 않는다.

보통 문제의 심각성과 관계없이 우리는 본능적으로 두 가지 반응 전략 중 하나에 의지한다. 즉시 무언가를 바꾸기로 결정하거나 아니면 당분간 문제를 무시하거나 결정을 미루고, 그 결과 고민의 구덩이 속으로 계속 빠져든다.

지금 당장 무언가를 바꾸겠다는 결정은 종종 우리에게 많은 에너지를 요구한다. 물론 이 에너지를 모을 수만 있다면 당연히 빨리 행동에 나서는 편이 좋다. 엔진이 가열되었을 때 바로 무엇이든 시작하는 것이 낫지 않겠는가. '지금이 아니라면 언제?'라는 좌우명에 충실하자. 우리가 건설적인 방향으로 변화에 대한 동기를 조종할 수 있다면, 행동에 대한 열정은 당연히 도움이 된다.

배우자와의 관계에 불만이 있다면 이렇게 생각해볼 수 있다. '이제 뭔가를 바꿀 때가 되었어!' 그리하여 정신을 차리고, 머릿속에 떠오른 아이디어를 즉시 행동에 옮기는 것이다. 예를 들어 탁구 세계 챔피언이 되겠다는 꿈을 마침내 접고 일과 후 탁구 훈련을 그만두는 방법이 있다. (솔직히 탁구보다는 맥주에 더 관심 있지 않았는가?) 그 결과, 배우자와 보낼 수 있는 시간이 놀랄 만큼 많아졌다. 만약 이 변화가 효과적이고 배우자와의 관계가 개선된다면, 당신의 직감이 옳았던 것이다. 이런 방식으로 어떤 문제는 빠르고 쉽게 해결할 수 있다.

뭔가를 바꾸기로 결정하고 바로 행동에 나서다보면 행동주의에 빠질 수 있다. 이는 변화에 저항하는 관성에서 벗어나는 데 매우 성공적인 도움을 주곤 한다. 하지만 불행히도 무작정 행동에 나서고자 하는 충동이 늘 최선의 해결책으로 이어지는 것은 아니다. 궂은 날씨와 부러진 우산에도 굴하지 않고, 불쑥 떠오른 충동에 따라 만사를 내팽개친 채 공항으로 차를 몰고 가 카리브해행 비행기표를 구매한다고 치자. 스페인의 휴양지에 도착해 상사와 가족들이 보낸 성난 메시지를 확인하면 나의 충동적 결정이 별로 훌륭하지 않을 수 있다는 생각이 문득 떠오른다. 게다가 나쁜 날씨에서 벗어나려던 나의 계획에는, 카리브해가 허리케인 시즌이라는 고려가 빠져 있었다는 사실도 드러난다.

훌륭한 결심을 했다면 그것이 행동이라는 결과로 뒷받침되어야 한다는 사실을 분명 알고 있을 것이다. 가령 내가 '과대망상증'에 빠져 당장 오늘부터 매일 운동하기로 결정했다면 즉시 조깅화를 신고 신나는 플레이리스트를 들으며 전력 질주할 수 있다. 스스로를 고문한 결과, 단숨에 10킬로미터를 주파하고 만족스러운 미소를 띠며 결승선을 통과할 수도 있다. 하지만 온몸이 쑤시는 근육통에서 회복되려면 아마도 일주일 정도는 침대에서 쉬어야 할 것이다. 많은 학생들이 이 행동주의의 함정에 빠진다. 기말고사를 준비하기로 마음먹고 나서 대부분이 곧바로 책을 들고 페이지를 넘기기 시작한다. 하지만 시험일이 가까워질수록 시험 범위 중 아주 적은 부분밖에 공부하지 못했다는 사실을 깨닫고, 사전에 신중하게 학습 계획을 세우지 않은 것을 후회한다.

그러므로 행동으로 옮기기 전 그것에 대해 충분히 생각할 시간이 필요하다. 행동주의의 함정에 빠지지 않기 위해 매우 간단하고 구조화된 방법을 사용할 수 있는데, 해결에 달려들기 전 일단 문제를 적어보는 일도 그중 하나다.

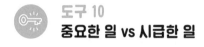

중요한 일 vs 시급한 일

작업을 시작하기 전 수행해야 할 일들을 훑어보려면 투 두 리스트 To Do List를 작성하면 된다. 요즘에는 여러 범주의 리스트를 만들 수 있는 멋진 앱이 많다. 하위 범주를 만들어 목록화하는 것도 가능하고, 여러 할 일 항목을 일정과 연결하여 바로 실행에 착수할 수도 있다. 물론 당신은 노트에 투 두 리스트를 작성하는 고전적인 방법을 선호할 수도 있다. 벽에 포스트잇을 붙이는 것도 가능하다. 어떤 방식을 선택하든 항상 같은 시스템을 사용해야 한다는 사실을 기억하자. 시스템의 문턱은 낮을수록 좋다. 해야 할 일이 떠오를 때 쉽고 빠르게 메모 가능한 시스템이 필요하다. 스마트폰은 누구나 항상 지니고 있으므로 대부분의 사람들에게 추천할 만하다. 앱 사용이 너무 복잡하게 느껴진다면 스마트폰의 메모 기능을 활용해도 괜찮다.

투 두 리스트에서 한 가지 문제는 중요성에 관한 것이다. 어떤 일부터 시작해야 할까? 그냥 시간순으로 적는 것이 좋을까, 아니면 우선순위대로 적는 것이 효과적일까? 시간 관리 책들은 미국 전 대통령 드와이트 아이젠하워의 시절로 거슬러 올라가 소위 '아이젠하워 원칙'을 제안하곤 한다.[1] 이 원칙은 두 가지 차원의 할 일 목록을 제시한다. 하나는 완성해야 할 과제들의 중요성을 기준으로 목록을 만드는 것이고, 다른 하나는 시급성에 따라 목록을 만드는 것이다. 이러한 방식으로 분류된 할 일은 다음의 네 가지 범주로 나눌 수 있다.

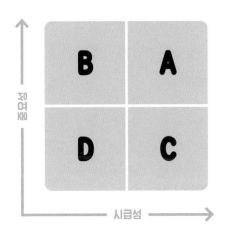

- **A** 중요하고 긴급하며, 즉시 수행되어야 하는 과제
- **B** 중요하지만 덜 급하고, A를 해결하고 나서 처리해야 하는 과제
- **C** 긴급하지만 오히려 덜 중요하며, 중요한 모든 것을 처리하고 나서 관심을 두어야 할 과제
- **D** 중요하지도 긴급하지도 않으며, 가장 낮은 우선순위를 두어야 할 과제

이 방식을 사용해보고 싶다면 해야 할 일의 항목에 A~D를 표시하거나 할 일을 네 가지 범주로 나누어보라.

앞으로 무엇을 해야 할지 고민하고 있다면 투 두 리스트를 살펴보자. 당신이 중요한 일을 잊어버린 것이 아니며 해야 할 일을 모두 기록해두었다는 사실을 깨닫는다면, 굳이 기억을 다시 헤집을 필요가 없어진다. 이 같은 작업 관리 방식은 오래 사용할수록 그 효과가 더욱 강력해진다.

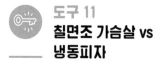

도구 11
칠면조 가슴살 vs
냉동피자

지금 당신은 이렇게 말할지도 모르겠다. "그래, 다 괜찮아. 하지만 아직도 난 냉동피자가 좋을지, 칠면조 가슴살이 좋을지 모르겠어!"
　몇 가지 행동 방침 사이에서 결정을 내려야 할 때 장단점을 간단하게 목록화하면 유용하다. 이때 각 방침을 대변하는 주장을 덧붙일 수 있는데, 모두 똑같은 중요성을 갖지는 않으므로 주장마다 개별 점수(-10~+10점)를 매길 수 있다.

라타투이를 곁들인 칠면조 가슴살

- 맛 +5
- 홈 메이드 요리
  (인스타에서 '좋아요'를 얻는다!) +4
- 건강 +6
- 요리 과정이 번거롭다 -3
- 쇼핑하러 가야 한다 -4

→ **총점 : 8점**

냉동피자

- 맛있다! +10
- 빠르고 복잡하지 않다 +5
- 건강에 그리 좋지 않다 -6
- 먹고 나면 여드름이 난다 -4

→ **총점 : 5점**

네 가지 범주 체계는 다른 중대한 결정을 하는 데도 사용할 수 있다.[2] 특정 행동을 변경하거나 유지할 때의 장단점을 목록화하는 것이다.

	장점	단점
변화 없음	현재 내 상황에서의 단기적·장기적 장점	현재 내 상황에서의 단기적·장기적 단점
변화	변화의 단기적·장기적 장점	변화의 단기적·장기적 단점

문제가 되는 상황을 조명함으로써 새로운 통찰력을 얻을 수 있

다. 가령 일을 그만둬야 할지 고민하는 상황이라면 다음과 같이 범주화해볼 수 있다.

	장점	단점
직장을 계속 다닐 경우	정기적인 소득, 좋은 동료, 편리한 출퇴근길, 다들 만취해도 좋은 크리스마스 파티	지겨운 상사, 지루한 업무, 경력의 기회 결핍, 다들 만취해도 좋은 크리스마스 파티
직장을 그만둘 경우	상사에게 의견을 밝힘으로써 채워지는 나의 인정 욕구와 만족 욕구	새로운 직장을 찾는 피로, 불안한 노동시장과 경제 사정

애써 무언가를 바꾸고 싶다는 결심을 하더라도, 눈앞에 산더미처럼 쌓인 작업량을 생각하면 시작도 하기 전에 질릴 수 있다. 이는 성공의 기회를 두 가지 면에서 위협한다. 한편으로는 산을 어떻게 올라야 할지 계획을 세우기가 어렵고, 다른 한편으로는 산 자체가 목표를 보지 못하도록 가로막을 수 있다. 그리고 목표가 보이지 않을 때는 당연히 의욕을 유지하기가 어려워진다.

하지만 그 산을 허물어 작은 언덕으로 나눌 수 있다면 모든 것은 단번에 바뀐다. 한편으로는 첫 번째 언덕을 어떻게 넘어야 할지 구체적으로 생각할 수 있고, 다른 한편으로는 목표가 확고하게 자리 잡게 된다.

도구 12
의식의 흐름대로는 이제 그만!

장기적 계획을 요하는 행동을 실행에 옮기고 싶다면 체계적인 로드맵을 만들 필요가 있다. 예를 들어 학생의 경우, 학습을 시작하기 전 계획을 명확하고 상세하게 작성해야 한다.

- 각 단계는 학습 내용(오늘은 3단원을 집중적으로 공부한다)이나 시간(오늘은 정확히 두 시간 공부한다)으로 구분할 수 있다.
- 좋은 계획을 세우려면, 예상치 못한 방해와 주의 산만의 상황까지 감안해 시간을 배정해야 한다.

- 계획은 '점진형'과 '역행형'으로 나눌 수 있다. 점진형은 학습을 시작하려는 시점에서 시험에 이르기까지 완료해야 할 단계를 순차적으로 결정하는 것이다. 반면 역행형은 마지막(즉 시험 당일)에서 시작해 각 단계를 거꾸로 설정하는 것이다.

시험 날짜를 계획표에 적어둔다. 시험 전날에는 긴장을 푸는 데 집중하고 싶다면, 그 전에 모든 준비를 마쳐야 하므로 이틀 정도 일정을 앞당겨 시작하면 된다. 계획표 덕분에 공부할 시간이 얼마나 남았는지 알 수 있고 이를 잘 배분할 수 있다. 좀더 확실한 계획을 위해서는 휴식과 과도기의 시간도 포함하기를 추천한다. 2주 안에 1~4단원을 공부해야 하는 시험의 경우, 휴식과 과도기를 포함한 일정은 다음과 같을 수 있다.

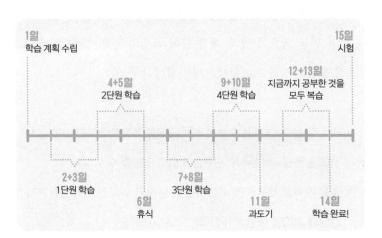

이러한 로드맵은 삶의 다른 영역에도 적용할 수 있다. 한번 시도 해보시기를!

도구 13
복잡할수록
단순하게!

체계적으로 문제에 접근하는 또 다른 방법은 짜임새 있는 가이드를 활용하는 것이다. 예를 들어 '문제 해결 훈련'[3]에서는 5단계 절차를 제안한다.

1. 일반적인 문제 인식
2. 문제에 대한 정의
3. 대안 만들기
4. 결정하기
5. 실행 및 검증

이 방법은 불안·스트레스·우울증의 치료에서 입증되었다. 하지만 굳이 거기에 국한할 필요 없이 여러 삶의 영역에서 일상적인 실천 방편으로 사용할 수 있다. 이 고전적 행동 치료 기술을 바탕으로 7단계 가이드를 제안하려 한다. 현재 해결하고자 하는 문제가 있다면 다음과 같은 사항에 대한 생각을 순서대로 적어보자.

1단계. 시놉시스 - 문제를 한두 문장으로 요약하기

이상하게 들릴 수도 있지만, 문제 해결에 뛰어들기 전 자신이 처한 문제를 한두 문장으로 요약하는 시간이 필요하다. 시나리오 작가들은 보통 본격적으로 시나리오를 집필하기 전 시놉시스라는 것을 쓴다. 이는 영화의 내용을 짧게 요약한 개요인데 간혹 한두 개의 문장으로 적기도 한다. 시놉시스는 샛길로 빠지는 일을 막기 위한 기본 지침과도 같다. 즉 초기에 문제를 정확히 정의하면 추후 시간이나 에너지를 크게 절약할 수 있다.

예: 내 친구 토비는 내가 모히토를 너무 많이 마시고 실수한 내용을 세세하게 떠벌리는 것으로, 사람들 앞에서 망신을 준다. 그럴 때면 조롱당하는 기분이 들며, 토비에겐 내가 웃음거리밖에 되지 않는 사람인 것 같다.

2단계. 목표의 구체화 - 문제 해결로 무엇을 얻고 싶은가?

문제에 대한 정확한 정의만큼 중요한 일은 목표와 소원을 구체화하는 것이다(1장 참조). 문제를 해결함으로써 성취하고자 하는 바는 무엇인가? 어떤 욕구를 충족시키고 싶은가? 그렇게 하면 무엇이 달라지는가? 여기에도 동일한 요건이 적용된다. 원하는 내용이 구체적이고 정확할수록 좋다.

예: 나는 더 이상 토비에게 조롱당하는 기분을 느끼고 싶지 않아.

3단계. 마인드맵 – 가능한 모든 해결책을 정리하기

해결책을 찾는 데 초점을 맞추는 일은 3단계에서 가능하다. 여기서는 브레인스토밍을 하듯 가능한 모든 해결책을 정리해봐야 한다. 다양한 옵션을 리스트로 만드는 고전적인 방법 대신 마인드맵의 형태로 이를 실행할 수 있다.

종이 한가운데에 문제와 구체적 목표를 적어보자(1단계, 2단계 참조). 그리고 떠오르는 온갖 생각을 전부 써보자. 모든 아이디어는 처음에는 같은 무게를 지닌다. 원한다면 주변 사람에게 조언을 구해도 괜찮다. 혹은 다른 사람이라면 이런 상황에서 어떻게 반응할지 상상해보자. 마인드맵의 목표는 광범위한 행동의 방식을 얻는 것이다.

비현실적이라고 여겨지는 생각까지도 자유롭게 적어보자. 다소 꺼림칙한 기분이 들 수도 있겠지만 '아무것도 하지 않기' 같은 대안도 써보자. '아무것도 하지 않는 것' 또한 선택이라는 사실을 깨

눈에는 눈,
이에는 이.
T가 저지른 부끄러운
일화를 푼다

T(토비)에게 앞으로는
그러지 말라고
차분히 부탁한다

아무 일도
하지 않는다

따라 웃으며
스스로를 조롱하는
모습을 보인다

T의 얼굴을
한 대 친다

문제
토비가 종종 사람들 앞에서
나를 조롱한다

목표
사람들 앞에서 다시는 그렇게
망신당하고 싶지 않다

T와의 우정을
끝내버린다

두 사람 다 아는
친구를 중개자로
활용한다

다음번에 T에게
내 기분을 말한다

모두 앞에서 T를
호되게 꾸짖는다

멋진
카운터펀치를
날릴 문장을
미리 준비해둔다

T를 제거하기 위해
청부 살인 업자를
고용한다

닫는 것이 중요하다. 다시 말해 당신은 결정하지 못하는 것이 아니다. 우리는 종종 결정을 미루고 자신을 억누를 때 이런 환상으로 도피한다. 하지만 결정을 의도적으로 미룬다는 것은, 적어도 이 순간만큼은 아무것도 하지 않겠다고 스스로 결정을 내린 것이다.

4단계. 등급 매기기 - 어떤 해결책이 가장 좋을까?

다음 단계는 다양한 대안을 검토하고 평가하는 것이다. 문제를 해결하거나 목표를 달성할 가능성이 가장 크다고 생각되는 방법은 무엇인가? 필요하다면 등급을 매기는 것도 괜찮다. 가령 각 대안의 성공 확률을 0~10의 척도로 평가하는 것이다. 마지막으로 각 방법들을 적절한 순서로 배열한다.

1. 토비에게 앞으로는 그러지 말라고 차분히 부탁한다. (8/10)

2. 다음번에 토비에게 내 기분을 말한다. (7/10)

3. 따라 웃으며 스스로를 조롱하는 모습을 보인다. (6/10)

4. 멋진 카운터펀치를 날릴 문장을 미리 준비해둔다. (6/10)

5. 두 사람 다 아는 친구를 중개자로 활용한다. (5/10)

6. 모두 앞에서 토비를 호되게 꾸짖는다. (5/10)

7. 눈에는 눈, 이에는 이. 토비가 저지른 부끄러운 일화를 푼다. (4/10)

8. 토비와의 우정을 끝내버린다. (4/10)

9. 토비의 얼굴을 한 대 친다. (3/10)

10. 아무 일도 하지 않는다. (1/10)

11. 토비를 제거하기 위해 청부 살인 업자를 고용한다. (1/10)

5단계. 선택 – 해결책 결정하기

해결책을 정할 때는 당연히 성공 확률이 가장 높은 방법을 택해야 한다. 하지만 현재로서는 그것을 실행에 옮길 수 없거나, 이를 실천하기 위해서는 너무 큰 노력이 필요할 수 있다. 그러므로 후순위 해결책을 먼저 실행하는 일도 당연히 가능하다.

예: 나는 일단 세 번째 방법을 시험해볼 것이다. 갈등의 가능성이 가장 적은 방법이기 때문이다.

6단계. 작전 개시 – 해결책 실행하기

사용할 방법을 정했다면 이제 그것을 실행에 옮기면 된다.

예: 다음번에는 토비의 조롱에 유머로 맞받아치겠다. 따라 웃으며 스스로를 조롱함으로써 쿨하게 그 상황을 벗어날 것이다.

7단계. **결과 평가 - 나에게 보상하기**

시도한 방법이 문제를 해결하고 목표를 달성하는 데 어느 정도 도움되었는지 평가한다. 여전히 문제가 해결되지 않았다면 5단계로 돌아가서 다음 해결책을 시도해본다. 문제를 해결했다면, 당신이 선택한 해결책이 성공했다는 사실을 기억하여 이후의 행동 패턴으로 삼자. 마지막으로 이 성취에 대해 스스로에게 어떻게 보상할지도 생각해보자.

예: 자기 조롱은 괜찮은 생각이었어. 그런데도 토비는 정신을 못 차린 것 같아. 그러니 다시 돌아가보자!

이제 말할 때가 되었어. 1번 옵션을 선택해, 토비에게 이젠 그만하라고 차분히 부탁해야겠어. 이번엔 효과가 있었어! 토비는 아마 자신의 농지거리가 나를 괴롭힌다고는 생각하지 못한 것 같아. 토비는 약간 당황했지만 즉시 내 말에 그러겠다고 동의했어.

앞으로 다른 사람의 행동이 나에게 상처를 준다면 제때 내 감정을 표현해야겠어.

이 문제를 성공적으로 해결한 것에 대한 보상으로, 다음번 파티에서 모히토 한두 잔 정도는 내게 대접해주겠어.

일이 많거나 어려운 결정에 직면한다면, 무엇보다도 문제의 다양한 측면에 대한 전체적인 그림을 파악해야 한다. 이후 중요한 것들에 우선순위를 두고, 가능한 구조적인 방식으로 해결책을 찾는 것이 바람직하다. 그런 후에도 여전히 카리브해에 가고 싶다면, 그것은 당신의 결정이다! 다만 알아야 할 점은 허리케인 시즌은 6월부터 11월까지라는 사실이다.

CHAPTER

'지금, 당장, 바로'
해야만 한다고?

- 충동 조절법 -

**항상 큰 바퀴를 돌릴 필요는 없다.
자그만 나사를 조절하는 것만으로도
충분할 때가 많다.**

– 헬무트 글라슬Helmut Glassl

—— 내게 전혀 도움되지 않지만 좀처럼 벗어나기 힘든 행동이 있는가? 건강에 백해무익하며, 이 시대에 더는 쿨하게 보이지 않는 흡연 습관 같은 것 말이다. 아니면 TV 앞에서 우걱우걱 먹어 치우는 감자칩 같은 것? 혹은 페이스북 메시지가 얼마나 쌓였는지 확인하고 싶은 도무지 참을 수 없는 충동(2분 전에 막 확인했는데도)?

반대로 내게 좋은 행동임을 분명 알고 있는데도 도저히 실행에 옮기지 못하는 일은 무엇인가? 균형 잡힌 식습관과 규칙적인 운동은 정말 실천 가능한 걸까? 하루의 마지막, 잠깐이라도 누리고 싶지만 절대 불가능한 여유 시간을 확보하는 방법이 있긴 할까?

온갖 노력에도 불구하고 적절한 대응이 힘든 특정 상황 또는 환경이 있는가? 예를 들어 쉽게 산만해지는 탓에 업무나 공부에 집중하는 데 어려움을 겪고 있는가? 해결되지 않은 일에 대해 고민하느라 퇴근 후에도 뇌의 스위치를 끄지 못하는가? 머릿속이 언제나 달그락거려서 밤에도 쉽사리 잠을 이루지 못하는가?

물론 행동이나 태도를 바꾸고자 하는 노력은 나름의 의미가 있다. 이 책에도 그와 관련된 여러 접근법이 소개돼 있고 말이다. 하지만 이 장에서 다루고자 하는 내용은 초기의 상황 그 자체다. '자극 조절'은 어떤 행동에 선행하는 특정 상황의 자극에 영향을 미치는 것을 의미한다. 즉 바람직하지 않은 행동이 발생할 확률을 줄이고 원하는 행동을 늘리는 방식으로, 상황 자체를 변화시키는 것이다.

어떤 행동을 그만하고 싶다면 자극에 대한 분석부터 시작하자. 일상생활에서의 어떤 측면이 원치 않는 행동을 유발하는지 생각해보기 바란다. 보통 우리는 이런 유발 요인을 인식하지 못하므로, 한 번쯤은 체계적으로 짚어볼 필요가 있다. 일주일 동안 스스로 피하고 싶은 행동이 발생한 시점을 적어보고, 그 이전의 상황이 어떠했는지도 구체적으로 기록해보자. 그런 다음 이러한 유발 요인을 제거하거나 완화하거나 바꿀 수 있는지 자문해보자. 때로는 일상의 작은 변화가 삶을 긍정적으로 이끌 수 있다.

다음에서 논의할 부정적 행동들(흡연과 음주, 건강에 좋지 않은 식사, 그리고 소셜미디어)은 당신과 상관없는 행동일 수 있다. 하지만 이와 관련한 여러 전략들은 당신이 줄이고자 하는 좋지 않은 행동을 조절하는 데 영감을 줄 것이다.

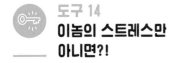

이놈의 스트레스만 아니면?!

예를 들어 담배를 덜 피우겠다고 마음먹었다면 다음을 시도해보자.

- 보통 할 일이 없는 상황에서, 가령 버스를 기다리거나 커피 타임에 자연스레 담배에 손이 간다면 이를 대신할 행동을 찾아보자. 전자책을 다운로드하거나, 스마트폰 게임을 하거나, 스트레스볼을 굴리는 것도 괜찮다. 손이 바쁘게 움직이고 있으면 담배를 뽑을 시간이 없다. 또 입이 심심할 때 껌을 씹는 것도 방법이다(물론 슈거 프리로! 아니면 다른 문제가 생길 수 있으니까). 껌을 씹다보면 흡연 욕구가 점점 떨어지는 기분이 들 것이다.

- 친구들과 어울릴 때마다 담배를 너무 많이 피운다는 생각이 든다면, 일부러 담뱃갑을 집에 두고 외출해보자.

- 만약 금연을 진지하게 고민한다면, 담배뿐 아니라 흡연 시절을 떠올리게 하는 물건들까지 모두 버려야 한다. 그 물건들은 마치 파블로프의 종소리처럼 당신을 침 흘리게 할 테니 말이다.

- 그나저나 대개 여러분이 최선을 다해 무시하려고 하는, 담뱃갑에 새겨진 '흡연 살인' 사진들은 자극을 통제하려는 보건 당국 나름의 시도다.

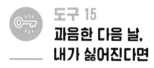

도구 15
과음한 다음 날,
내가 싫어진다면

술을 덜 마시고 싶다면 다음 전략을 시도해보라.

- 만약 목이 마를 때 술을 벌컥벌컥 들이켜는 습관이 있다는 사실을 깨달았다면, 다음번 샴페인 파티에 가기 전 물을 한 병 마셔보자.

- '흠… 맥주?'와 같은 생각이 자주 떠오른다면, 눈에 보이는 곳에서 맥주를 치우자(지하실에 보관하기 등).

- 당신이 훌륭한 소믈리에가 아니라면 커다란 와인 냉장고는 필요 없다. 만약 당신이 훌륭한 소믈리에라면? 와인 자체가 필요 없을 것이다. 와인이란 가능한 적게 마시는 것이 좋다는 사실을 알 테니 말이다.

- 저녁에 맥주를 한 병 이상 마시지 않겠다고 다짐했다면 가게에서 맥주를 한 병만 사는 방법이 있다.

- 마시다가 절반 이상의 술을 버리는 것도 어리석은 일이므로, 앞으로는 작은 병의 술을 사서 작은 잔으로 마셔보자.

- 술을 거절하기가 무척 어렵다면(조심하시라, 당신이 눈치채지 못하게 계속 잔을 채우는 '리필 자객'은 어디에나 있다) 잔이 가득 차 있는지 확인하자. 그리고 파티 초반 한 모금 정도 마시는 일도 피해야

한다(리필 자객도 가득 찬 잔에 첨잔할 수는 없으니 말이다). 그런 다음 미지근해진 술이 마음에 들지 않으면 새로 술을 받아 들고 있으면 된다. 혹은 잔을 두 개 챙겨서 한 잔에는 술을 따르고 다른 잔에는 음료를 채워, 번갈아 마시는 전략도 괜찮다.

도구 16
숟가락을 놓을 용기
─── 혹은 결단

만약 하루에 섭취하는 음식의 칼로리를 좀 줄이고 싶거나, 간식을 덜 먹고 싶다면 다음 전략을 사용해보자.

- 항상 너무 빨리, 너무 많이 먹어서 포만감이 늦게 찾아온다면 먹는 속도를 늦춰보자. 작은 접시와 숟가락을 사용하거나, 테이블 위에 큰 물컵을 올려놓고 음식과 물을 번갈아 먹고 마시는 식으로 말이다.

- 음식을 먹는 동안 주의를 산만하게 하는 원인(스마트폰·라디오·TV)은 가능한 제거하자.

- TV 앞 카펫에 주저앉아 먹기보다는 식탁에 제대로 차려놓고 먹기를 추천한다(혼자 산다고 할지라도, 그럴 가치는 충분하다. 자신을

위해 그렇게 해보라).

- 지루함이나 습관 또는 스트레스로 인해 폭식하거나 자극적인 음식을 찾곤 한다면 음식의 종류와 양을 조절하기가 힘들다. 만약 더 이상 간식을 먹지 말아야겠다고 결심했다면 집에 간식을 쌓아 두는 일은 금물이다. 특별한 경우에 한해서만 좋아하는 간식을 식탁에 올리도록 하자. 초콜릿을 좋아한다면 양이 아주 작고 비싼 제품을 구매하기를 추천한다(온 가족을 위한 2+1 점보 초콜릿은 자제!).
- 쇼핑하기 전 구매 목록을 신중하게 작성하자.
- 무엇보다 중요한 사실이 있다. 배고플 때는 식료품을 사지 말 것!

도구 17
'소외되는 것에 대한 두려움'에서
벗어나기

소셜미디어 피드, 문자메시지 혹은 이메일을 강박적으로 자주 확인해야 하는가? 스마트폰 배터리가 방전될 때 금단증상을 느끼는가? 그렇다면 '소외되는 것에 대한 두려움Fear of missing out, FOMO'을 겪고 있을 가능성이 크다. 가상 세계에서 지내는 시간을 줄이고 싶다면 다음의 전략을 사용해보자.

- 세상이 멸망하기 전 이메일을 하루에 몇 번이나 확인해야 하는지 정신을 가다듬고 자문해보자. 가령 하루에 세 번이면 충분하다는 생각이 든다면, 딱 세 번만 이메일을 확인하고 허용된 횟수 외에는 메일함 접속을 금하자.
- 스마트폰 홈 화면에서 소셜미디어 및 이메일 앱을 삭제해보자.
- 특정 시간 동안은 모바일 데이터 사용량을 줄이거나 앱을 잠근다.
- 지루함에 웹 서핑을 하고 싶다면 다른 대안을 생각해보라(여가 시간에 들을 수 있는 오디오북 등).
- 배우자나 가족과 의논해 스마트폰 없는 시간(저녁 시간) 혹은 공간(거실)을 정해본다. 가족끼리 보내는 시간 동안 스마트폰을 넣을 상자를 준비해보자.
- 게임을 해보자. 가령 친구들과 술자리를 할 때, 모든 스마트폰을 테이블 중앙에 탑처럼 쌓아 올리고 제일 먼저 탑에 손을 대는 사람이 술값을 내는 게임이다.

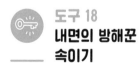

도구 18
**내면의 방해꾼
_____ 속이기**

실천 확률을 높이려면 다음과 비슷한 방식을 선택해보라. 목표를 달성하기 위해 현재 상황에서 무엇을 적극적으로 바꿔야 할지 스스로에게 물어보자. 예를 들어 이번에야말로 정말 규칙적으로 운동하고 싶다면 '내면의 방해꾼'에게 넘어가지 않도록 미리 예방책을 준비해야 한다.

방해꾼: 세상에, 이런 지독한 날씨에 정말 달리기를 하러 나가겠다고?

어떤 날씨에도 적합한 운동복을 구입하라!

방해꾼: 무시무시한 교통 체증을 뚫고 집으로 운전해 가서는 옷을 갈아입고 체육관에 가겠다고? 설마 자신에게 그런 짓을 한다고?

항상 쉽게 집을 수 있는 곳에 운동 가방을 놓아두자!

방해꾼: 오늘은 진짜 운동을 하겠다고? 어이쿠, 그런데 어쩌지? 운동복이 세탁기 안에 들어가 있네!

운동복을 두 벌 준비하라. 무슨 말인지 알 것이다.

행동하려면 실행의 문턱을 최대한 낮게 유지해야 한다.

작심삼일과의 작별

새로운 행동과 습관에 대한 다짐을 계속 까먹는 바람에 실천이 어렵다면 다음을 시도해보자.

- 알림 설정! 스마트폰에 알림 기능을 설정해두거나, 부엌에 달력을 놓고 표시해두거나, 다른 중요한 장소에 포스트잇을 붙여두는 방식을 택한다.
- 새로운 도전으로 인한 긍정적 결과를 떠올리는 일도 좋은 동기부여가 될 수 있다. 예를 들어 다음번 스페인 여행에서는 타파스를 스페인어로 주문하겠다고 마음먹었다면, 집 안에 바르셀로나 포스터를 걸어두거나 컴퓨터 또는 스마트폰의 배경 화면을 바꾸어보자.
- 의식적으로 원하는 바에 전념한다면 성공 확률이 더 높아진다. 가령 자신의 목표에 대해 주변 사람들에게 이야기하거나 일기에 그 내용을 적어둔다면, 굳은 약속과 비슷한 효과를 발휘한다.
- 진지하게 어떤 행동을 목표로 삼고 그것을 성취하기로 했다면 '돌아가는 길'을 어렵게 만들어라. 가령 자선 마라톤 대회를 신청하거나 친구와 내기를 함으로써 결심을 현실화하는 것이다.

- 아는 사람과 함께 새로운 행동을 시작함으로써 실행력을 높인다. 누군가 나를 기다리고 있다는 사실을 알면, 소파에서 빈둥거리기가 어려울 수밖에 없다.

- 보통 우리는 스스로에게 매우 중요한 결심을 깨는 일보다 치과 예약이나 세무 상담 같은 별로 가고 싶지 않은 약속을 취소하는 일을 더 어렵게 느낀다. 다시 말해 나의 행동으로 인해 다른 사람이 영향을 받는다고 느끼면 그 일이 매우 중요해지는 것이다. 하지만 솔직히 이야말로 어리석지 않은가? 정말 치과 의사가 나보다 더 중요한 존재인가?

나의 경우, 다짐을 실행에 옮기는 데 전적으로 의지하는 매우 효과적인 기술은 '나 자신과의 약속'이다. 만약 당신이 일과 가족 외에도 스스로를 위한 시간과 에너지를 조금 더 갖고 싶다면, 치과 예약을 하듯 자신과의 약속을 잡아보자. 이상하게 들릴지 모르겠지만 다이어리에 자신의 이름과 함께 약속을 적어보라. 스마트폰에 자신과의 약속을 저장해두라. 그리고 나와의 약속을 지키는 동안에는 만사를 제쳐두라. 배우자나 자녀에게 "미안하지만, 치과에 가야 해서 오늘은 안 되겠어"라고 말하듯이 스스로에게도 이렇게 말해보라. "아쉽지만 곤란해. 오늘은 나 자신과 약속이 있어서 말이야."

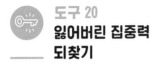
잃어버린 집중력
——— 되찾기

상당히 이상한 실험이긴 하지만[1] 수중에서 어떤 용어를 암기한 잠수부들은 육지보다 수중에서 해당 용어를 더 잘 기억하는 현상을 보였다. 반대로 육지에서 용어를 외웠던 잠수부들은 암기한 내용을 떠올려보라는 요청을 받았을 때 수중보다 육지에서 더 나은 결과를 보였다.

이러한 현상의 원인은 '맥락 효과'에 있다. 우리는 지식을 암기했던 당시와 비슷한 상황일 때 머릿속에서 그 지식을 훨씬 잘 찾아낼

수 있다. 그래서 학생들은 시험장과 비슷한 환경에서 공부하는 편이 유리하다. 가령 조용한 방의 책상 앞에 앉아 공부하는 것이 침대나 테크노 클럽에서 공부하는 것보다 훨씬 효과가 크다. 실행 단계에서는 집중력을 유지하고 여가 시간에는 최대한 긴장을 푼 채 지내기 위해서는, 두 상황 사이에 확실한 차이가 있어야 하며 가능한 두 상황이 겹치는 일이 적어야 한다.

공부나 업무에 더 집중하고 싶다면 '집중 작업'의 상황에 부합하는 환경을 설계하기를 추천한다.

- 공부든 업무든 이와 연관 있는 실내 공간에서 진행하자(휴식이라는 단어와 연관된 거실이나 부엌은 맞지 않는다).
- 사무실 책상 위 가족사진이나 아이들의 그림, 자유로운 휴식 시간과 관련된 바탕 화면 등은 은근히 '일'에 집중하기 어렵게 만든다.
- 모든 방해 요소를 제거하라. 일 때문에 스마트폰 사용을 자제하고 싶다면 다른 방에 두라.
- 인체공학은 작업환경을 각자의 조건이나 상황에 맞추어 최적화시킨다. 좌석 위치나 화면까지의 거리, 화면 높이 등을 업무나 공부에 맞춰 최적화할 수 있는지 확인해보자.

도구 21
퇴근 후 일에서
완전히 자유로워지는 법

퇴근 후 일로부터 완전히 자유로워지고 싶다면, 일이 당신의 자유 시간을 오염시키지 않도록 노력하라.

- 가능하면 정해진 근무시간을 지키자. 불필요한 야근은 피하라.

- 절대 일을 갖고 퇴근하지 마라. 이 말은 업무와 직·간접적으로 연관된 어떤 물건도 집에 가져가지 말라는 뜻이다(서류 파일이나 업무용 스마트폰, 노트북뿐 아니라 차 키나 명찰, 작업복 등도 포함된다). 가능하다면 웬만한 것들은 직장에 남겨두자. 아니면 업무와 관련된 물건들을 차고나 차 안의 상자에 보관하는 것도 방법이다.

- 불가피하게 개인 노트북이나 스마트폰을 업무용으로 사용할 수밖에 없다면, 개인 데이터가 저장되지 않는 두 번째 계정을 이용하자.

- 업무를 위해 24시간 대기해야 하는 게 아니라면 이메일 알림 기능을 꺼두자. 대부분의 스마트폰은 여러 심카드를 사용할 수 있으므로, 특정 시간에만 업무용 유심을 사용하는 것도 방법이다. 혹시 당신의 고용주가 24시간 헌신을 요구한다면, 자신을 위해 새로운 직장을 찾아보는 편이 좋겠다.

- 당신의 잠재의식이 '일에서 여가로의 전환'을 더욱 자연스럽게 할 수 있도록, 다음과 같은 리추얼을 만들어보자.
  - 집에 가는 길 직장에서의 일과를 돌아본 다음, 의식적으로 다른 주제로 전환한다.
  - 퇴근 후 좋아하는 음악에 맞춰 큰 소리로 노래해보자.
  - 하루가 끝나기 전 짧은 운동을 해보자(예를 들어, 집에 들어가기 전 주차장에서라도 가벼운 스트레칭을 한다).
  - 직장에서 보낸 하루를 씻어버린다(샤워를 하거나 최소한 세수를 한다).
  - 파트너 또는 가족과 일상적인 대화를 나누어보자.

도구 22
잘 자는 것도
능력이다

자극 조절은 수면 장애 분야에서도 매우 성공적인 전략으로 입증되었다. 당연한 말이지만 '침대'는 오직 수면이나 휴식과 연관되는 것이 바람직하다. 하지만 오늘날 침대는 이메일을 확인하고, 모바일 게임을 하고, 친구와 채팅하고, 전화를 걸고, 먹고, 일하고, TV를 보고, 무서운 스릴러소설이나 복잡한 전공 서적을 읽고, 서로 사랑하고, 논쟁하고, 잠을 이루지 못해 뒤척이는 장소이기도 하다.

이 모든 활동을 위해 우리 뇌는 신체적·지적 또는 감정적으로 쉴 새 없이 활성화되어 있다. 어느새 '침대'라는 단어는 긴장 상태와 결합해버렸다. 잠을 자려고 침대에 들어가는 순간, 우리의 잠재의식은 자동으로 긴장 모드에 돌입한다. 불면증에 시달리는 환자들은 침대를 쳐다보기만 해도 혈압이 올라간다.

수면 치료에서 가장 효과적인 방법은 잘못된 조건을 제거하고, 우리의 침대가 잠재의식이 스위치를 끄는 곳이 되도록 만드는 것이다. 수면의 질을 향상하고 싶다면 다음의 규칙들을 흥미롭게 살펴보기 바란다.

- 잠을 자야 한다고 생각할 때가 아닌 피곤할 때 잠자리에 들어라.
- 주말과 휴가 기간을 포함해 늘 규칙적인 시간에 일어나자.
- 아무리 피곤할지라도 낮잠은 피하라.
- 침실을 가능하면 어둡게 만들고, 환기가 잘되도록 하며, 지나치게 따뜻해지지 않도록 주의한다.
- 잠자는 것 외에 다른 용도로 침대를 사용하지 마라.
- 잠자리에 들자마자 불을 끄도록 하자.
- 잠들기 전 책을 읽고 싶다면 침대가 아니라 거실 소파나 다른 장소에서 읽도록 하자.
- 침실에는 TV나 컴퓨터, 스마트폰, 표시등이 있는 자명종을 두지

마라. 이 장치에서 나오는 빛은 우리 뇌를 압도할 수 있으므로, 머릿속이 꺼지는 데 시간이 걸리게 만든다. 잠자리에 들기 한 시간 전에는 빛을 완전히 없애거나 되도록 줄여야 한다.

- 만약 스마트폰을 알람 시계로 사용한다면, 밤에 시간을 확인할 수 없도록 멀리 놓아두기 바란다. 잠을 못 이룰 때 시계를 보면 뇌가 계산을 시작한다('알람이 울리기까지 세 시간 이십 분이 남았네. 아이코, 이제 세 시간 이십일 분밖에 안 남았구나!') 산수는 잠과 양립할 수 없다! 앞으로 더 잘 수 있는 시간이 다섯 시간인지 한 시간인지는 전혀 중요하지 않다.

- 십오 분이 지나도 잠들지 못할 것 같다면(시계를 보지 마라!) 자리에서 일어나 침대의 이불을 걷고(나중에 돌아왔을 때 시원하도록) 다른 방으로 가자.

- 밤에 잠을 이룰 수 없을 때 해야 할 활동을 미리 생각해놓는 것도 좋다. 예를 들어 빨래를 갠다거나 창밖을 내다보며 눈에 보이는 것을 스스로에게 설명해보자. 아주 흥미롭게 들리지는 않는가? 바로 그것이다! 이 시간에는 집중력을 크게 필요로 하지 않고, 마음을 진정시키는 행동이 적절하다. 그러다 잠이 오면 침대로 돌아가자. 잠이 오지 않는다면 성가시더라도 이러한 과정을 여러 번 반복해본다.

행동을 바꾸기를 진지하게 원한다면, 성공 확률을 높이기 위해 할 수 있는 모든 것을 시도해보아야 한다. 또 목표 달성을 위한 최상의 조건을 만들려면, 어떤 톱니바퀴를 돌릴 것인지 고려해야 한다. 그러니 다음번 시험이나 면접은 수중에서 할 준비를 하고, 방수복과 수경을 착용해보는 건 어떨까?

PART

2

변화의 도구

CHAPTER

내 마음은 내 마음인데,
왜 내 마음대로 되지 않을까?

- 감정 이해하기 -

문제 자체는 문제가 아니야.
진짜 문제는 문제를 대하는 너의 자세지.

– 〈캐리비안의 해적〉의 잭 스패로우 선장

—— 우리는 왜 어떤 감정을 끊임없이 느끼는 걸까? 그리고 왜 우리는 늘 같은 방식을 고수하며 다르게 행동하지 않는 걸까? 우리는 감정 반응과 행동 반응에 대해 자신만의 설명 모델을 가지고 있다. 이 모델은 뉴턴의 물리법칙인 '작용 반작용의 법칙'과도 유사하다. 즉 반응은 항상 이전의 행동에 대한 반응이다. 심리학적으로는 이를 다음과 같은 공식으로 설명할 수 있다.

$$A \rightarrow C$$
사건의 활성화 → 결과
사건의 계기 발생 → 감정·행동 반응

예를 들어 어느 날 거울을 보다가 얼굴에 있는 점의 색이 변한 것을 확인하면 겁에 질려 구글 검색을 시작할 것이다. '점+피부암+얼마나 남았나요?'

실은 논리적인 결론이라 볼 수도 있다. 그렇지 않은가? 우리는 특정 방식으로 느끼고 행동하곤 하는데, 이는 이전의 트리거(부정적 감정을 가져오는 촉발제가 되는 단어 등을 이르는 말-옮긴이)에 대한 반응이라고 할 수 있다. 하지만 인지 행동 치료의 선구자 중 한 명인 심리학자 앨버트 엘리스는 이것만으로는 충분하지 않다고 느꼈다. 정확히 같은 트리거가 있더라도, 사람들은 각기 다른 감정이나 행동 반응을 보이는 경우가 많다. 따라서 A와 C 사이에 이를 정확히 설명할 수 있는 세 번째 요인이 필요하다는 것이 그의 생각이었다. 어떤 알파벳이 들어가야 좋을까? 너무 복잡하게는 생각하지 마라 (심리학자들의 술수에 넘어가는 것이니까). 정답은 B인데 이는 우리의 '신념 체계'를 말한다. 이로써 엘리스의 ABC 모델이 완성되었다.

A → B → C
사건의 활성화 → 신념 체계 → 결과
사건의 계기 발생 → 평가 체계 → 감정·행동 반응

'평가 체계'는 세상과 사회, 그리고 우리 자신과 다른 사람들이 어떻게 기능해야 하고 우리가 미래를 어떻게 상상해야 하는지에 대한 개인적인 생각·믿음·규칙·계획으로 이해할 수 있다. 자기 세계관의 색안경을 통해 자신이 경험한 바를 살펴보는 A와 C 사이의 필터를 상상해보자. 평가 체계와 호환되지 않는 정보는 매우 빠르게 필터링된다. 이런 주관적 해석의 결과로 그에 상응하는 감정과 행동이 나타난다.

A →   B   → C
사건의 활성화 →   신념 체계   → 결과
점의 변색 발견   분명 암에 걸려서   두려움,
                죽을 거야   인터넷 검색

"사람들을 걱정시키는 것은 걱정거리 자체가 아니라, 이에 대한 견해와 판단이다"라고 이미 오래전 고대 철학자 에픽테토스가 말한 바 있다. 우리의 평가 체계는 양육 방식이나 사회화 과정, 그리고 어떤 식으로든 우리를 형성해온 여러 경험 등에 의해서 삶의 전반에 자리 잡고 있다. 책이나 영화뿐 아니라 '좋아요'를 누르고 난 후 자꾸 나의 페이스북 계정에 등장하는, 유니콘 마니아를 위한 알고리즘 게시물도 평가 체계에 영향을 미칠 수 있다.

사실 우리는 자신의 평가 체계를 항상 의식하고 살지는 않는다. 오히려 우리의 감정과 행동은 자동 반사 반응처럼 여겨질 때가 많다. 가령 남자(여자)친구의 페이스북에 느닷없이 수많은 사람들이 몰려와 '좋아요'와 '키스 스마일'을 퍼붓는다면, 나도 모르게 질투를 느끼며 어느새 그들의 프로필을 클릭하게 된다. 일은 지지리도 못하는 동료가 상사의 넥타이가 멋지다며 아부하는 꼴을 보고 있자면 나도 모르게 초조함이 밀려온다. 스타일을 인정받은 것에 대한 기쁨으로, 상사가 동료의 업무 실수를 까맣게 잊어버렸다는 생각이 들면 짜증이 솟구쳐서 화장실 문을 절로 쾅 닫게 된다.

다양한 트리거는 본능적으로 매우 구체적인 반응을 유발하는 것으로 보인다. 'A'는 대개 간단한 설명만으로 충분하다. 누군가가 왜 긴장해 있느냐고 물으면 나의 대답은 이렇다.

"오늘 면접이 있어서요."

만약 깊은 슬픔과 절망에 빠져 있다면 다음의 설명만으로 충분하다.

"제일 친한 친구가 모리셔스로 떠난다고 했거든요."

화가 났을 때 이 정도로도 상황을 충분히 설명할 수 있다.

"저 사람이 교통 체증 상황에서 규칙을 어기고 양보하지 않았거든요."

대부분의 경우 상대방은 이해한다는 듯이 고개를 끄덕일 것이다. 이런 설명들은 ABC 모델의 관점에서는 충분하다. 그런데 자기 반성을 하거나 다른 사람의 경험을 이해하는 부분에서, 우리는 자신의 감정과 행동이 실제로 어디에서 기인했는지를 잘 모르는 경우가 많다.

나를 불안하게 하는 것은 면접 자체가 아니다. 그렇지 않다면 완전히 느긋한 태도로 면접에 임하는 사람도 있다는 사실을 어떻게 설명할 수 있을까? (실제로 그런 사람들이 있다!) 아마도 나를 두렵게 만드는 실체는 내 안의 부정적 목소리일 것이다.

'그 사람들은 분명 내가 무능력자라는 사실을 금방 알아챌 거야.'

'이 일을 얻지 못한다는 건 내가 무가치하다는 증거야.'

두려움은 위험한 상황에 대한 자연스러운 반응이고, 취업 면접은 그 자체로는 비교적 안전한 경험이다. 하지만 지금 이 직업을 얻느냐 마느냐에 따라 한 인간으로서의 내 가치가 완전히 달라진다면, 갑자기 위험이 커지게 된다. 생존의 문제는 아니지만 나의 자아상에 치명적 위협이 될 수 있는 것이다. 그것은 나를 두려움에 떨게 하거나 아니면 적어도 긴장하게 만들 수 있다.

또한 내가 슬프고 절망적인 기분에 사로잡힌 이유는 머릿속에 이런 판단이 떠올라서일 수 있다.

'이제 다시는 그를 볼 수 없을 거야!'

'다시는 그런 친구를 만날 수 없을 것 같아.'

하지만 21세기에 사는 우리는 가까운 곳에 있는 친구와 마찬가지로 1000마일이나 떨어져 사는 친구와도 자주(어쩌면 더 자주) 연락할 수 있는 기술적 수단을 갖고 있다. 모리셔스는 상당히 멋진 곳이라 들었으니 친구를 핑계 삼아 여행을 갈 수도 있을 것이다. 게다가 정말 친구와 연락이 끊긴다 해도, 내가 새로운 친구를 사귀지 못한다는 법이 있는가?

마지막으로 내가 화난 이유는 어떤 차가 앞에 끼어들었다는 사실 때문이 아니다. '이 자식이 나를 엿 먹이려고 그러는구나!'라는 생각이 치밀었기 때문이다. 어쩌면 끼어든 사람은 비록 운전은 서투르지만 친절한 노신사일 수 있다. 아니면 조수석에 만삭의 아내가 앉아 있는데, 갑자기 양수가 터지는 바람에 서둘러 차를 몬 것일지도 모른다. 즉 '이 자식이 나를 엿 먹이려고 그러는구나!'는 사실이 아닐 가능성이 높다. 물론 그 판단이 맞든 틀리든, 누군가가 의도적으로 내게 해를 끼쳤다는 판단이 든다면 분노는 적절한 반응일 수 있다.

여하튼 우리가 이토록 본능적이고 제한적인 방식으로 반응한다는 것은 좀 답답한 일 아닐까? 그나마 희망적인 소식은 우리가 이제 ABC 모델을 배웠다는 사실이다. 우리가 어떤 계기나 실제 상황 자체에 미칠 수 있는 영향은 매우 제한적이지만, 자신의 평가 체계에는 영향을 끼칠 수 있다. 이를 위해서는 우선 내 안에 넘쳐흐르는 자동적인 반응과 생각들을 깨달아야 한다.

부정적인 감정들이 넘쳐날 때 우리의 마음속은 그 모든 것이 뒤섞인 혼탁한 칵테일처럼 느껴진다. 촉발의 계기가 된 사건과 생각 그리고 감정이 한데 섞여 불투명한 진흙탕이 되어버린다. 이때 우리의 뇌에서 변연계라고 불리는 구역에 불이 들어오는데, 이는 경험에서 확산된 감정의 처리를 담당하는 기관이다. 그런데 우리가 현재 처한 상황을 냉정히 분석하면서 부정적 감정의 원인이 되는 생각들을 식별한다면 뇌의 전두엽을 자극하게 된다. 이곳은 전체 그림에 대한 감정의 합리적 분류가 일어나는 영역이다. 이 같은 감정 처리는 보다 건설적이고 현실적으로 문제에 접근할 수 있도록 돕는다.

도구 23
기분에 지고 싶진 않아!

감정적 상황에 잘 대처하고 싶다면, 자기분석의 한 형태로 ABC 모델을 통한 심리 테스트를 해보길 권한다.

ABC 모델의 기본 원리를 암기하자. 메모지를 코팅하여 지갑에

넣고 다니거나, 냉장고에 포스트잇을 붙이는 것도 좋다. 앞으로 불쾌한 감정이나 못마땅한 행동 반응이 나올 때 이를 트리거(A)로 이해하는 데 그치지 말고 즉시 평가(B)라는 요소를 점검해보자. 자신의 반응을 설명할 수 있는 자동적인 생각을 파악하고, 생각은 고정적이지 않다는 사실을 기억하자.

더 나은 방법은 뭐든 모조리 글로 옮기는 것이다! 즉 글쓰기를 통해 이성적 사고 센터를 자극하는 것이다. 또한 내 생각을 흑백으로 보는 것은 그 생각과 거리를 둘 수 있게 해준다. 이를 통해 자동화된 방식으로 내 머릿속을 맴도는, 필터링되지 않은 생각의 쓰레기들이 다루기 쉬운 형태로 변한다.

도구 24
'느낌'은 '사실'이 아니다

인지 치료의 접근 방식으로 '사고 프로토콜'을 만들 것을 제안한다. ABC 모델을 기반으로 한 세 칸 프로토콜은 다음과 같다.

이런 내용을 컴퓨터나 스마트폰에 기록하는 것도 가능하지만, 종이에 적는 편이 학습 효과가 더 클 수 있다. 내 손으로 적어 내려갈 때 그 모든 허튼소리가 내 펜, 즉 내 잠재의식에서 나왔다는 사실을

상황	생각	감정
지원한 직장에서 떨어졌다는 문자메시지를 받는다	나는 실패자야, 아무짝에도 쓸모가 없어! 나는 정말 아무것도 못 하는 멍청이야. 이러다간 어떤 직업도 구하지 못하고 백수가 될 거야! 가난뱅이가 되어 결국 시궁창에 처박히겠지!	실망과 슬픔, 열등감

더욱 분명히 깨닫게 된다. 스트레스가 많은 상황에서 현재의 경험을 바로 적는 것이 불가능하다면, 대신 과거의 일을 쓰는 방법도 있다. 불쾌한 느낌을 받았던 상황을 떠올려보고 다음 세 가지 질문에 대해 대답해보자.

- 무슨 일인가?
- 어떻게 생각하는가?
- 무엇을 느꼈는가?

스트레스가 많은 상황에서 사실과 평가, 감정이 뒤섞인 칵테일은 개별적인 구성 요소로 분해해야 한다. 언뜻 이는 별로 어렵지 않아 보인다. 하지만 객관적 상황을 묘사하려고 할 때 우리는 주관적 해석에 빠지기 쉽다. 예를 들어 '상사가 내 보고서의 오타를 지적했다'

라는 객관적 진술과 '이 돼지 같은 자식이 나를 또 끝장내려고 하는
군!'이라는 주관적 해석 사이에는 차이가 있다.

생각과 감정의 차이가 늘 자명한 것은 아니다. 일례로 '다른 사람
들이 나를 이상하게 보는 것 같은 느낌이 들어'는 '느낌'이 아니라
'생각'일 뿐이다. 이 경우에 상응하는 감정은 아마 두려움이나 수치
심일 것이다. 그러므로 자신을 관찰할 때 자기가 쓰는 표현에 주의
를 기울이고 생각과 감정을 분리해보자.

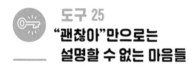

도구 25
"괜찮아"만으로는
설명할 수 없는 마음들

감정에 대한 적절한 용어를 찾는 것도 쉬운 일은 아니다. 가령 '분
노하는', '화난', '열받은' 같은 형용사와 '불안한', '긴장한', '걱정스
러운' 같은 형용사 사이에는 미묘하지만 중요한 차이가 있다. 일상
생활에서 어떻게 지내는지에 대한 질문을 받으면 우리는 보통 비
슷한 답을 한다. "괜찮아요"라거나 "좋아요" 같은. 물론 이것은 감
정적 경험의 복잡성을 모두 반영하지 못한다.

에스키모어로 '눈'을 뜻하는 단어가 20개가 넘는다는 말을 들어
본 적이 있을 것이다. 사실 이는 널리 퍼진 오해에서 기인한 것이지

만 여하튼 그럴싸하게 들린다. 우리가 눈과 밀접한 환경에 있다면, 눈을 더 잘 이해하고 이에 대해 타인과 잘 소통할 수 있도록 더욱 차별화된 언어를 사용한다는 것은 논리적으로 타당해 보인다. 우리는 그저 와인이 "맛있네요!"라고 할 뿐이지만 와인 애호가는 "미묘한 바닐라 맛과 견과류, 섬세한 나무 향과 까칠까칠하면서도 부드러운 타닌의 맛과 소금 맛이 느껴지는 잘 숙성되고 약간 따뜻한 과일 향이 나는 와인이네요"라고 묘사할 것이다. 와인 연구학에서도 다른 열정적인 분야에서와 마찬가지로, 언어적으로 잘 표현할수록 차이를 더 섬세하게 구별할 수 있다.

우리의 감정도 마찬가지다. 감정을 표현하기 위한 어휘를 더 많이 습득할수록 그것들을 더 잘 이해하고 구별할 수 있다. 따라서 또다른 치료의 방법으로는 감정에 대한 어휘 목록을 만드는 것을 추천한다. 감정에 관련된 온갖 용어를 적어보고 주제별로 분류해보자. 인터넷 검색을 통해 방향을 정하는 데 도움되는 여러 자료를 찾을 수 있다. 그러니 앞으로는 자신의 감정을 묘사할 때 "훌륭해요"라거나 "괜찮아요!"라고만 하지 말고, 고유한 이름을 붙여서 표현하도록 노력해보자.

불쾌한 감정은 종종 널리 퍼지는 것처럼 느껴진다. 안개 속에서 길을 잃는 것과도 같다. 현실과 해석, 경험이 모호하고 형태가 없는 상태로 떠돌아다닌다. 궁극적으로 안개는 기체 상태의 물일 뿐이다. 그러니 안개를 응축시켜서 세 개의 다른 물통에 모아보라.

이제부터 부정적 감정이 스스로를 괴롭힐 때마다 세 칸 프로토콜을 작성해보자. 객관적 사실을 자동적 생각과 이로 인한 감정으로부터 신중하게 분리하고, 자신의 감정 목록에서 가장 적절한 감정을 골라보자.

무엇보다 ABC 모델을 잘 활용하자. 손목에 ABC라고 새기는 것도 좋다. A와 C 사이에는 항상 거대하고 뚱뚱한 B가 있다는 사실을 기억하라.

'다 잘될 거야'
vs
'모든 게 망했어'

- 자신감과 열등감 사이 -

**우리의 머리가 둥근 것은
생각의 방향을 바꿀 수 있게 하기 위함이다.**

– 프랑시스 피카비아

———— "모든 게 잘될 거예요!"

"당신은 분명 할 수 있어요!"

"나쁜 일은 절대 일어나지 않아요!"

힘들고 어려운 순간, 응원과 격려가 필요할 때 주변 사람들이나 스스로가 자주 사용하는 격언이 있다. 단순하면서도 보편적인 이 격언은 무엇이든 긍정적으로 생각하라는 것이다. 많은 자기계발서나 상담서에서도 볼 수 있는 조언으로, 당연히 선의가 듬뿍 담긴 말이며 확실히 도움이 된다.

그런데 정말로 나쁜 상황에 처해 있을 때, 이런 말이 가장 듣기 싫다는 사실을 깨달은 적은 없는가? 두려움과 걱정이 몰려올 때면 대부분 두루뭉술하게 '모든 게 잘될 거야'라고 긍정적으로 생각하려 노력할 것이다. 하지만 그럴수록 오히려 두려운 생각이 자꾸만 스멀스멀 피어오르는 것도 느껴지지 않는가?

우리 대부분은 삶이 단순하고 대처하기 쉽게 흘러가기를 바란다. 우리가 '서랍'을 발명한 이유도 그 때문이다. 우리는 살면서 일어나는 모든 일을 '좋은 것'과 '나쁜 것' 중 하나로 분류하곤 한다. '전부'가 아니면 '아무것'도 아니다. '승자' 아니면 '패자'라는 식의 분류에 익숙한 것이다. 엄청나게 복잡한 컴퓨터 프로그래밍을 단순한 이진 코드(0 또는 1)로 줄이듯, 우리는 경험을 두 가지 범주로 단순화시키기를 선호한다.

그러나 삶은 복잡하고 다변적이다. 자연계에는 단순히 '검은색'이나 '흰색'만 존재하지 않는다. 온갖 색의 스펙트럼이 존재한다. 하지만 우리가 사물을 인지하는 과정에서 자동으로 왜곡된 경험의 스펙트럼은 양분화되기 쉽다. 이 자동 필터는 인지심리학에서는 '이분법적 사고'로 알려져 있다. 이런 사고방식은 삶의 복잡성을 간단명료하게 받아들이고 이해할 수 있도록 도와주기도 하지만, 때론 우리를 쉽사리 파멸로 이끌기도 한다.

특히 완벽주의자들은 이분법적 경향이 강하다. 이들에게는 '완벽하다'와 '충분하지 않다'라는 두 가지 범주만 있을 뿐이다. 완벽주의자가 마음먹은 바를 100퍼센트 달성하지 못할 때, 이들은 자동적으로 이를 불충분하다고 판단한다. 완벽주의자는 목표를 수행하는 과정에서 두 가지 중 하나만 얻을 수 있다. 100퍼센트 성취하고 만족하거나, 100퍼센트를 성취하지 못했기 때문에 불만족하거나.

불만족	만족
100퍼센트가 안 될 때	100퍼센트일 때

완벽주의 성향이 덜한 사람은 설사 완벽하지는 않더라도 90퍼센트의 결과가 20퍼센트나 85퍼센트, 혹은 89.999퍼센트보다 더 낫다는 사실을 안다. 그러므로 자신이 성취한 결과에 따라 각기 다른 만족감을 얻는다.

이처럼 차별화된 만족감은 완벽주의자의 태도와 대비된다. 가령 목표치를 90퍼센트로 설정한 사람은 성과에 따라 불만족스럽거나(90퍼센트에 도달하지 못할 때) 만족스러울(90퍼센트를 달성할 때) 수 있지만, 목표치를 초과 달성할 수도 있다. 자신이 기대치 이상으로 해낼 수 있다는 사실은 자존감을 높여주며 앞으로의 성장과 발전에도 매우 큰 힘이 된다. 반면 완벽주의자는 이런 경험적 가치가 부족하다.

부정적 생각과 긍정적 생각은 본질적으로 다르지 않다. 우리가 어떤 생각에 압도당할 때, 부정적으로 왜곡된 일반화는 슬며시 우리의 사고 회로 속으로 스며들기를 좋아한다. 상사가 두 번 연속 저지른 내 실수를 지적할 때 나는 곧장 이렇게 생각한다. '나는 아무것도 할 수 없어. 나는 완전 꽝이야!' 사랑하는 사람에게 배신당했을 땐 대부분 이렇게 말한다. "이제 정말 아무도 믿을 수 없어!" 또는 '남자는 모두 늑대야(혹은 '여자는 모두 여우야')라고 생각해버리기도 한다. 또한 매일 뉴스를 보다보면, 사람들은 세상이 끝나는 순간까지도 똑딱거리는 시한폭탄 앞에서 입술을 내밀고 행복하게 셀카나 찍어댈 거라는 결론을 내리기 쉽다.

너무 비관적으로 들리는가? 만화 속 주인공의 어깨에 올라탄 작은 악마가 "이제 할 수 있는 것은 아무것도 없으며 모든 게 끝났다"고 귓속말하듯 말이다. 다행히 반대편 어깨에는 작은 천사가 앉아서 부드러운 하프 연주와 함께 "인생은 아름답다"라고 다독이며 악마의 속삭임을 물리치려 한다. 우리가 부정적 생각에 맞서 거의 본능적으로 "모든 게 잘될 거야"라는 두루뭉술한 주문을 외우는 것도 이와 다르지 않다.

문제는 이런 긍정적 일반화는 종종 부정적 일반화만큼 비합리적일 수 있다는 사실이다. 혹시 당신이 서서 이 책을 읽고 있다면 일단 자리에 앉길 바란다. 충격받을 수 있겠지만 내가 하려는 말은 이것이다.

인생은 불공평하다!

세상에는 수많은 고통과 불행이 있다! 살다보면 아무런 잘못이 없는데도 암에 걸릴 수 있다. 당신도 나도 마찬가지다. 안타깝게도 모든 것이 잘될 거라는 보장은 누구에게도 없으며, 이 사실은 꽤 무섭게 다가올 수 있다. 아직 책을 읽고 있는가? 혹시 기분이 상했는가? 물론 불편한 진실을 환영할 사람은 아무도 없다. 무의식 어디에선가 당신을 부드럽게 위로하는 긍정의 천사가 등장했을 수도 있다. 문제는 '모든 게 분명 잘될 거야'라는 가설에 반박할 수 있는 증거가 너무 많으며, 이로 인해 우리 내면의 악마도 그만큼 쉽게 보복할 수 있다는 것이다.

건강염려증을 앓고 있다면, 건강하니 걱정할 필요 없다고 스스로를 안심시키려 아무리 노력해도 마음속 작은 악마가 "확실한 것은 아무것도 없다"며 정곡을 찌를 것이다. 건강검진을 다섯 번 했지만 모두 정상이라는 결과가 나왔다며 반박하면, 악마는 병원을 나서는 순간 암세포가 생겨났을 수도 있다는 주장을 펼칠 것이다.

현재 내가 완벽하게 건강하고, 다음번에 탈 비행기는 절대 추락하지 않을 것이며, 내일 주변 국가가 우리 나라에 선전포고를 하지 않으리라는 확신은 모두 환상에 지나지 않는다. 우리 삶에 100퍼센트의 보장이란 없다. 예를 들어 운석이 5초 내로 우리 머리 위로 떨어지는 일도 불가능하지는 않다. 현재까지 운석에 의해 인간이 사망한 경우는 전 세계에 단 한 번 있었다.[1] 따라서 그런 일이 일어날 가능성은 극히 낮다. 하지만 불가능한 것은 아니다.

우리가 통제할 수 없는 것을 통제할 수 있다는 환상에 젖어 있거나, 예측할 수 없는 것을 예측하려 애쓰는 한 '천사와 악마의 핑퐁게임'에 끊임없이 시달리게 된다. 그러니, 이제 그만하자. 배에 태워 떠나보내야 할 것은 작은 악마뿐 아니라 천사도 마찬가지다.

부정적 생각을 긍정적 생각으로 대체하는 것보다 훨씬 중요하고 효과적인 방법은 '비합리적이고 말도 안 되는 생각'을 '현실적이고 건설적인 평가와 판단'으로 대체하는 것이다. 그러니 상황을 분석하면서 과장하거나 미화하지 마라. 생각을 언어화할 때도 단어를 신중하게 선택하는 편이 좋다. 애초에 악마가 타고 있는 돛을 내리기 위해서는, 합리적인 생각으로의 전환이 반드시 필요하다. 물론 현실적인 생각이 긍정적인 방향이라면 더할 나위가 없다. 하지만 필수 불가결한 사항은 아니다.

부정적 생각조차도 현실적이고 건설적일 수 있다. 가령 중요한 프로젝트의 마감일이 내일임을 떠올리고 마무리를 위해 오늘 초과근무를 한다는 결론에 도달했다면, 야근 자체는 딱히 좋은 생각이 아니다. 하지만 현실적이고 건설적인 생각이다.

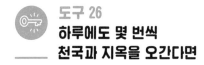

도구 26
하루에도 몇 번씩
──── 천국과 지옥을 오간다면

모든 것은 말보다 실천이 어렵지만 조금만 연습하다보면 빠르게 새로운 습관으로 만들 수 있다.

'인지 재구성'은 역기능적 사고방식을 변화시키기 위한 전략과 치료 도구를 광범위하게 제공하는 훈련 프로그램이다. 이 방법은 다음과 같은 단계로 나눌 수 있다.

1. 자기 생각에 대한 성찰
2. 역기능적 생각 파악
3. 현실적이고 건설적인 생각으로 재구성
4. 새로운 방식이 조금 이상하고 인위적으로 느껴지더라도 계속 실천하기
5. 시간이 지나면 새로운 습관이 된다

만약 당신이 '다 잘될 거야'와 '모든 게 망했어'라는 극단적 범주 사이를 오가고 있다면, 천사와 악마로부터 탁구공을 빼앗고 자신에게 두 가지 질문을 던져보자.

1. 내 생각이 사실인가? 내 머릿속을 휘젓는 이 부정적(또는 긍정적) 생각은 정말로 100퍼센트 현실적인가?

2. 이런 생각이 도움되는가? 내가 지금, 이 순간, 바로 이 생각을 하고 있다는 사실이 삶의 질을 유지하거나 향상하는 데 도움이 되는가? 만약 하나 혹은 두 질문 모두에 대한 대답이 "아니요"라면, 당신은 또다시 천사나 악마에게 속아 넘어간 것이다. 즉 생각을 재구성해야 한다는 의미다.

도구 27
나는 정말 아무짝에도 쓸모가 없을까?

인지 치료에서는 다양한 프로토콜이 사용된다.[2] 예를 들어 다섯 칸 프로토콜은 인지 재구성에 대한 5단계 지침을 제공한다.

이전 장의 내용을 기억한다면 처음 세 단계가 친숙하게 들릴 것이다. 그렇다. 인지 재구성은 진보된 ABC 모델을 보여준다.

1. 가능한 한 객관적으로 특정 상황을 묘사하려고 노력해보자. 정확히 언제, 어디서, 어떻게 그 일이 일어났는가?

2. 그러고 나서 자동적인 생각을 구성해보자. 그 순간 머릿속에 무

상황	자동적 생각	감정(0~10)	새로운 생각	감정(0~10)
지원한 직장에서 떨어졌다는 문자메시지를 받는다	나는 실패자야, 아무짝에도 쓸모가 없어!	실망(9/10)	낙방한 것은 내 능력과는 아무 상관이 없을지도 몰라	실망(6/10)
	나는 정말 아무 것도 못 하는 멍청이야. 이러다간 어떤 직업도 구하지 못하고 백수가될 거야!	슬픔(8/10)	나는 차별화된 능력을 갖추고 있어. 게다가 실패로부터 배우는 것도 분명 있을 거야	슬픔(3/10)
	가난뱅이가 되어 결국 시궁창에 처박히겠지!	열등감(10/10)	'결국 시궁창에 처박히겠지'라는 생각은 실현 가능성이 적어. 다음에는 분명 더 나은 결과가 있을 거야	열등감(5/10)

슨 생각이 떠올랐는가? 아무리 어리석게 느껴지는 내용이더라도 모두 적어보자. 종이에 담아야 하는 것은 나의 비이성적인 생각이다.

3. 이 상황에서 내 감정을 정확하게 묘사하고, 감정의 강도를 0에서 10의 척도로 평가해보자. 생각과 느낌의 차이에 주의를 기울이고, 특정 상황에서 자동화된 사고가 앞에 묘사한 감정으로 어떻게 이어지는지를 이해해보자.

4. 자동적 생각이 비합리적이거나 건설적이지 못하다는 결론을 내

렸다면 인지 재구성의 단계로 넘어간다. 이제 같은 상황에 대한 대안적(현실적이고 건설적인) 생각을 구성하도록 노력해보자.

5. 이제 감정을 다시 한번 묘사해보자. 프로토콜을 작성하면서, 상황을 다시 생생하게 떠올려보고 새로운 생각이 솟아오르도록 해보자. 감정은 여전히 이전과 같은가? 그렇지 않다면 지금 어떤 감정을 느끼는가? 감정의 강도(0~10)는 여전히 같은가?

이런 식으로 강한 불쾌감을 경험하는 상황에서 자기분석을 시도할 수 있다. 합리적이고 건설적인 사고방식을 단련시키고 장기적으로 내재화하기 위해서, 얼마간은 매일 상황을 기록하겠다는 계획을 세우는 것도 괜찮다. 스스로 분석할 기회를 얻지 못하거나 감정이 지나치게 압도적인 상황이라면, 나중에 해당 상황을 돌아보고 분석하는 글을 작성해도 된다.

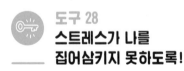

도구 28
스트레스가 나를 집어삼키지 못하도록!

인지 재구성에 대한 또 다른 접근법은 인지 행동 치료의 창시자 중 한 명인 도널드 마이켄바움[3]이 개발한 '스트레스 예방접종 훈련'

인데, 이는 '자기 언어화' 접근법에 기반을 두고 있다. 스트레스를 더 잘 다루기 위해서는, 스트레스를 받는 상황에서 자기 언어화(즉 의식적으로 자신에게 말하는 문장)가 가능하도록 반복해 연습해보자. 마이켄바움은 자기 언어화가 발달할 수 있는 4단계를 다음과 같이 분류했다.

- **스트레스를 받기 전:** 방향 설정에 도움이 되는 차분한 문장
  - 나는 침착한 사람이다. 이제 어떻게 해야 할까? 계획을 세우고 첫 번째 단계에 집중한다. 나는 할 수 있다!
- **스트레스가 많은 상황:** 지금 현재와 여기에 머무르는 데 도움되는 문구
  - 심호흡을 하고 침착함을 유지한다. 항상 하나씩 일을 처리하기! 계획을 지키다보면 분명 할 수 있어!
- **압도적인 생각과 느낌에 사로잡힐 때:** 최악의 상황에 도움을 주는 문구
  - 두렵지만 참을 수 있어. 나는 이 상황을 극복할 거야!
- **스트레스가 많은 상황에 대처한 후:** 성공을 더욱 고취하는 문장
  - 내가 해냈어! 생각했던 것만큼 나쁘지 않았어. 나는 발전하고 있으니까!

미래의 스트레스를 예방하고 싶다면, 이러한 전략을 선제적으로 적용하는 것도 좋다. 다양한 방식으로 나만의 문장을 만들어보자. 휴대용 인덱스카드에 나만의 언어를 기록해보자. 적은 내용을 외우거나, 스마트폰으로 녹음해 출퇴근길에 듣거나, 거울 앞에서 큰 소리로 말해보자.

그리고 스트레스 상황을 맞닥뜨렸을 때 의식적으로 자기 언어화를 사용해보자. 사회적 불안을 극복하기 위해 이 방법을 사용해 성공을 거둔 내 환자 중 한 명은 자기 언어화를 구성하는 것을 해리 포터의 주문에 비교했다. 그것이 그가 자신감을 가지고 두려움에 맞설 수 있도록 도와주었기 때문이다.

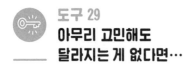

도구 29
아무리 고민해도
달라지는 게 없다면…

인지 행동 치료에는 상상력의 힘을 사용하는 방법도 있다. 일례로 '레몬 실험'은 상상과 신체 반응 사이의 연관성을 설명하는 데 사용할 수 있다. 부엌에서 레몬을 집어 올린다고 상상해보자. 레몬을 들고 냄새를 맡는다. 레몬을 살짝 짜서 즙이 나오게 해보자. 냄새가 더욱 진해진다. 옆에는 도마와 칼이 있다. 레몬을 반으로 잘라보자. 레몬즙이 손을 타고 흐른다. 레몬의 냄새를 다시 맡으며 강렬하고 시큼한 향을 느껴보자. 그런 다음 레몬을 입으로 가져가서 한입 베어 물어보라!

무엇을 관찰할 수 있는가? 이 실험을 하는 동안 대부분은 얼굴이 저절로 찡그려진다. 입안에 침이 가득 고인다고 한 사람도 많았다. 즉 우리 몸은 어떤 상황을 상상할 때 실제와 거의 비슷한 방식으로 반응한다.

켄츨러와 리히터는 '고민 물줄기'와 '해결 물줄기'를 구분한다. 생각은 샤워기에서 쏟아지는 물줄기처럼 작용하는데, 이 물줄기는 우리의 감정에 영향을 미친다. 샤워실에 서서 '고민 수도꼭지'를 튼다고 상상해보자. 아마 다음과 같은 고민거리가 쏟아질 것이다.

그 인간들은 나에게만 함부로 굴어!
나는 절대 받아들일 수 없어!
나 자신을 탓할 수밖에 없어!
나한테 앙갚음을 하려는 거야!
나는 왕따를 당하고 있어!

지금 기분이 어떤가? 이제 반대로 '해결 수도꼭지'를 튼다고 상상해보자. 해결책의 물줄기가 쏟아질 것이다.

나는 전에도 그 일을 성공적으로 한 적이 있어!
동료들이 내 뒤에 있어!
최선을 다했으면 되지
내일은 내일의 해가 뜰 거야
가끔 내가 할 수 없는 일이 있다 해도, 그리 나쁜 건 아니야

자, 지금은 기분이 어떤가?

생각만 해도 머리를 지끈지끈 아프게 하는 여러 문제가 쏟아지는 상황은 이를 상상하는 것만으로 우리를 절망하게 만든다. 반면에 건설적인 해결책을 떠올리면 관점이 구체화되고 자기 효능감도 강화될 수 있다. 즉 '해결 물줄기'를 통해 우리는 스트레스로 가득 찬 상황을 진정시키고 자신감을 가질 수 있다. 그러니 다음번에 상사가 스트레스를 주는 상황이 오면, 샤워를 하면서 해결 수도꼭지를 틀어보자. 해결 물줄기에 대한 상상 연습은 다가오는 스트레스 상황을 준비하는 데 도움을 주며 자신감을 북돋울 것이다.

도구 30
'두려움'을 '자신감'으로 바꾸는
간단한 방법

상상력과 심리적 반응 사이의 연관성이 학습 효과에 어떻게 사용될 수 있는지에 대한 또 다른 예는 스포츠심리학의 시각화 훈련에서 볼 수 있다. 혹시 자메이카의 봅슬레이 선수들이 욕조에 앉아 머릿속으로 경주 훈련을 하는 영화 〈쿨 러닝〉을 기억하는가? 이 장면은 매우 엉뚱해 보이지만 사실 많은 선수가 경기를 준비하기 위해 사용하는 방법 중 하나다. 상상 속 동작을 반복하다보면 중요한 학습 효과가 발생하는데, 이는 시합에 대한 자신감을 키워주는 동시에 두려움을 줄여준다.

앞으로 더 확실하게 대응할 수 있도록, 문제 발생 상황을 상상 속에서 대처해보고 싶다면 '인지 리허설'이란 방식을 사용할 수 있다. 이는 단순히 문제 상황을 상상하는 것만으로도 감정적·생리적 반응을 촉발하고, 변화가 일어날 수 있다는 사실에 기반을 두고 있다. 상상을 통해 자기 언어화를 시도하고 그것이 긍정적 효과가 있는지 시험해보자.

- 먼저 해결하고자 하는 구체적인 상황을 결정한다. 부정적 생각이 당신을 짓눌렀던 과거의 사건을 선택해도 된다. 아니면 당신을 압

박하며 다가오는 미래의 상황도 괜찮다.

- 원하는 방식으로 상황에 대응하도록 도움을 주는, 합리적이고 건설적인 자기 언어화 또는 대안적 행동 전략을 생각해보자.
- 방해받지 않고 집중할 수 있는 곳에 자리 잡는다. 상황을 가능한 한 명료하게 처음부터 끝까지 상상해보자. (무엇을 보고, 듣고, 냄새를 맡고, 느끼는가?)
- 자동적으로 떠오른 부정적 생각을 파악하고, 그것이 자신에게 어떤 영향을 미치는지 살펴보라.
- 선택한 대안 전략을 사용하여 상황에 어떻게 반응할지 상상해보고, 그 결과 경험이 어떻게 변하는지 지켜보자.

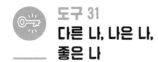

도구 31
다른 나, 나은 나, 좋은 나

상상력을 자존감의 도구로 사용하는 한 가지 방법은 심리 치료사 도러시 서스킨드[5]가 개발한 '이상화된 자아상'이라는 것이다. 이상적인 미래의 자아를 상상하는 것만으로 긍정적이고 자기실현적인 예측을 할 수 있다고 한다. 너무 근사한 믿음 아닌가? 당신도 시도해보라.

- 이제 눈을 감고 이상적 자아상(성격·능력·자질·외모·행동 등)을 상상해보자. 이상적인 자신의 모습을 가능한 자세히 묘사하도록 노력하자. 단 객관적으로 이룰 수 있는 범위 내에서 상상하길 바란다.

- 이미 내가 이상적 자아상과 일치한다고 상상해보자. 기분이 좋아지는가? 그렇다면 이 자아상을 이루기 위해 적극적으로 노력하겠다고 마음먹어보자.

- 성취감에 대한 기억을 떠올려보자. 그 순간 당신을 가득 채웠던 만족감과 자부심을 다시 한번 느껴보자.

- 이제 이 기분 좋은 감정이 지금, 이 순간 당신에게 이어진다고 상상해보라. 현재와 미래의 목표와 노력 이상으로, 당신이 지속해서 성장하고 발전한다고 상상해보자. 발생할 수 있는 좌절과 실패에도 불구하고 결국은 성공할 수 있으며, 이상적인 내 모습을 찾을 수 있다고 말해보자.

이제부터 이상화된 자아상을 확인해보자. 이상적 자아의 눈을 통해 일상의 상황을 파악해보자. 이상적 자아라면 이 어렵고 힘든 상황에서 어떻게 생각하고 행동하고 느낄지 물어보고 그에 따라 반응해보자. 당신이 이상적인 눈을 통해 자신을 보는 것처럼 외부에서도 그렇게 인식된다면, 결국 이상적 반응 방식을 찾아낼 수 있을 것이다.

장기적으로 좀더 합리적이고 건설적으로 생각하고 싶다면 정기적으로 프로토콜을 작성해보거나, 합리적이고 건설적인 자기 언어화를 내면화하고, 대안적인 반응 양식이나 이상화된 자아상을 상상 속에서 시험해보자.

건강하지 못한 생각에 올바르게 대처하고 스스로 질문을 던질 때마다 한발 더 나아갈 수 있다. 그리하여 새롭고 보다 건설적인 평가의 결과가 인지 재구성을 거쳐 당신의 뇌에 튼튼한 뿌리를 내릴 것이다. 물론 처음에는 이런 생각을 할 수 있다.

'글쎄, 좋아. 틀린 말은 아니지만, 직감적으로 옳지 않다는 생각이 들어.'

그래도 계속하라. 새로운 언어를 배울 때 일단 처음에는 단어를 외우는 반복 훈련을 규칙적으로 해야 한다. 비록 당장은 원어민과 대화하는 상황을 상상하기 어렵지만, 새로운 배움의 경험은 언어가 자연스럽게 익숙해질 때까지 든든한 도움을 줄 것이다.

지난 장에 이야기했던 안개 비유를 기억하는가? 여러 그릇에 응축된 물을 모은 다음, 이제 그 그릇이 제대로 된 모양인지를 확인하면 된다. 구멍 난 그릇은 쓸모 있고 튼튼한 그릇으로 바꾸고, 마지막으로 물을 얼리면 된다. 인지 재구성은 우울증과 불안 장애에 매우 효과적이다. 이는 우리 모두가 이성적이고 건설적인 사고를 훈련하고 스트레스 상황의 감정적 늪에서 벗어날 수 있는 길을 제공한다.

그러니 당신의 천사를 지옥으로 보내는 마법 지팡이를 휘둘러보자! 익스펙토 페트로눔(〈해리 포터〉에 나오는, 악마에 대항하는 마법의 주문-옮긴이)!

CHAPTER

'해야 하는 것' 말고
'하고 싶은 것'!

- 책임감의 함정 -

반드시 뭔가를 해야 하는 사람이란 없다.

– 고트홀트 에프라임 레싱

───── 알람이 울리고 있네. 얼른 샤워해야겠다. 빨리 에스프레소를 마시고 제시간에 출발해야 교통 체증을 피해 출근할 수 있지. 회사에서는 온갖 업무를 제대로 빠르게 처리해야 해. 어떤 상황에서도 우물쭈물해서는 안 돼! 12시 15분엔 티나와 점심 식사를 해야 해. 밥 먹으면서도 시간을 잘 봐야지. 업무 시간에 맞춰 돌아와야 하니까 말이야. 아, 오후에 있을 프레젠테이션 준비도 완벽하게 끝내야 해. 이번에는 정말 제대로 해야지. 퇴근 시간 전에 업무도 모두 확실히 마쳐야 해. 저녁에 안과 라르스와 함께 영화를 보기로 했으니까. 집에도 너무 늦게 들어오진 말아야지. 내일 아침 일찍 일어나려면 늦지 않게 잠자리에 들어야 하거든. 그래, 알람을 맞춰놓아야겠다.

익숙한 이야기 같다. 당신의 일상도 대체로 이런가? 아니면 당신의 삶과는 교집합이 거의 없는가? 위의 이야기를 지배하는 한 단어를 아마 눈치챘을 것이다. 바로 '머스트must'다. 이 글의 주인공은 이 짧은 단어를 총 열다섯 번이나 사용해 자신의 삶을 묘사했다.

우리의 일상을 결정하는 세 음절의 단어. 대개는 이 단어가 자신의 말과 생각 속에 얼마나 깊숙이 들어와 있는지 알아차리지 못한다. 하지만 우리가 살아가는 능력주의 사회에서 '머스트'는 필수 불가결한 단어가 되었다. 부모님과 선생님, 그리고 뛰어난 광고 심리학자들에 의해 우리는 양심적이고 성실한 사회 구성원이자 소비자가 되라는 교육을 받고 자란다.

태어날 때부터 우리는 온갖 '해야 할 일'에 둘러싸여 지낸다. 시금치를 먹어야 하고, 이를 닦아야 하며, 바른 자세로 앉아야 하고, 숙제를 해야만 하고, 돈을 벌어야만 하고, 차를 사야만 하고, 겨울에는 스키를 타러 가야 하고, 콜라를 마셔야 하고, 절세를 위한 전략을 짜야 하고, 잔디를 깎아야 하고, 여름에는 바다로 휴가를 떠나야 하고, 외모를 가꾸어야 하며, 헬레네 피셔(독일의 인기 가수이자 사회자-옮긴이)의 노래를 따라 불러야 하고, 스마트폰을 사용해야 하고, 1.5명의 아이를 낳아야 하고, 페이스북에 현재 파트너가 누구인지 업데이트해야 한다.

우리가 평생에 걸쳐 자신에게 주입하는 이 모든 '필수' 규칙은 자기 자신과 사회, 그리고 미래에 대한 우리의 이미지를 형성하고 핵심 계획으로 저장된다. 인지 행동 치료의 선구자 중 한 명인

앨버트 엘리스는 이러한 맥락에서 '머스터베이션(마스터베이션 masturbation이라는 영어 단어를 살짝 비틀어, must와 bation을 결합한 신조어-옮긴이)'이라는 표현을 사용한다. 머스트 사고는 우리의 감정적 경험에 영향을 미치고 우리의 행동을 통제한다.

"나는 항상 강해야 한다!"

"삶은 공정해야 한다!"

"나는 위대한 것들을 성취해야 한다!"

"나는 내 주변을 더 나은 곳으로 만들어야 한다!"

머스트라는 단어는 우리가 사회화의 틀 안에서 의식적으로 내재화한 일련의 규칙을 표현한 것이다. 궁극적으로 사회적 공존은 일반적 규칙과 규범, 법을 통해서만 발전할 수 있었다. 우리가 실천해야 하는 '필수적인 열 가지' 항목은 성경에도 나와 있을 정도다. 체계적인 법적 규제는 사회 발전에 매우 유용하다는 것이 입증된 관계로, 우리는 서로의 머리를 때리거나 장애인 주차 구역에 차를 대거나 와인을 마신 후 맥주를 마시지 않는다. 그러니 머스트라는 단어는 꼭 필요한 것이다. 그렇지 않은가?

그런데 머스트가 정말로 의미하는 바는 무엇일까? 독일어 온라인 사전인 〈두덴〉에서 그 뜻을 검색하면 다음과 같은 풀이가 나온다. '의무이며, 다른 선택과 방법이 없고, 다른 식으로 행동할 수 없으며 불가피한 일.'

즉 머스트라는 조동사는 내가 반드시 해야 하는 의무에는 예외가 없음을 의미한다. 의무를 다하거나, 그렇지 않으면…? 다른 방법은 없다. 선택의 여지가 없다는 것은, 법을 지키는 데 있어 어떤 대안도 인정될 수 없다는 것은 '혹은'이라는 부사가 허용되지 않는다는 의미다. 내가 의무를 '다해야 한다'면, 내가 법을 '지켜야 한다'면, 말 그대로 모든 사람이 예외 없이 그렇게 해야 한다는 의미다. 그렇지 않으면 세상은 더 이상 존재하지 않는다.

환자들에게 다소 도발적으로 우리가 반드시 법을 준수 '해야 하는지' 물으면 대부분 그 대답은 살짝 짜증 섞인 "그럼요, 당연하지요!"다. '법을 지켜야 한다'가 말 그대로 사실이라면, 우리 사회에 더 이상 범죄자는 없을 테니 감옥이 필요 없다는 뜻이 될 것이다. 이는 또한 우리 중 그 누구도 고속도로에서 제한속도를 시속 1킬로미터조차 어기지 않는다는 의미가 될 것이다. 다시 말하지만 법을 반드시 '준수해야 한다'면, 말 그대로 거기에는 예외가 있을 수 없다. 하지만 규칙에는 분명 예외가 있기 마련이다. 사실 대부분의 사람들은 살면서 적어도 한 번 이상 법을 어겨보았을 것이다. (다행히도 대개는 은행 강도나 인질극을 벌인 것이 아니라, 제한속도를 살짝 어긴 정도에 불과하겠지만.)

내가 순진한 척 "그런데 꼭 출근을 '해야만' 하나요?"라는 질문을 던지면 보통 사람들은 어리둥절한 반응을 보인다. "당연히 일하러 가야 하는 것 아닌가요?" 이렇게 말하는 듯한 표정이다. 하지만 이것은 완전히 다른 문제다. 고속도로를 시속 200킬로미터로 질주하다 적발되면 딱지를 떼일 수 있다. 만약 일하러 나가지 않으면 나는 직장을 잃고 길거리에 나앉아 굶주림에 시달리게 된다. 그럴 때 (적어도 나에게는) 세상이 무너지는 것과 같다. 그러므로 이 논리를 이해할 수 있다. 하지만 의문이 생긴다. 이것이 정말 사실일까?

만약 내일부터 출근하지 않는다면 무슨 일이 일어날까? 직장에서 즉시 해고될까? 그렇다, 당신 말이 맞다. 만약 위험을 무릅쓰고 직장에 계속 나가지 않으면, 결국은 해고될 확률이 그리 낮지는 않다. 그럼 어떻게 될까? '내가 실업수당을 받을 자격이 되나?'라고 스스로 물어볼 수 있다. 당연히 실업수당을 받을 수 있다! '하지만 그것도 한계가 있지. 새로운 직업을 찾을 수 없다면 어쩌지?' 이렇게 물어볼 수도 있다. 당연한 질문이다. 하지만 이 경우에는 사회적 지원이 있다. 나는 수년간 노숙자들과 함께 일해왔다. 특별히 잘못한 것도 없는데 일자리를 잃은 사람들은 물론, 평생 일해본 적이 없으며 사회적 지원을 받으며 살겠다고 결정한 사람들도 만나보았다. 이들 중 어떤 사람은 자신을 "불행하다"고 표현했고, 또 어떤 사람은 그런데도 자신이 "행복하다"고 말했다. 어쨌든 이들 모두에게 세상은 존재하지 않는 곳이 아니다. 당신이 말하는 것처럼 직장이 꼭

'가야만 하는' 곳이라면 이런 사람들은 세상에 존재할 수 없을 텐데 말이다.

그러므로 살아가면서 세금을 내야 하는 것 말고는 우리가 반드시 '해야 할 일'이란 없다. 그런데 '세금을 내야만 한다'라는 문장이 맞다면 이 세상에 탈세란 없을 것이다. 내 말이 무슨 뜻인지 이해하겠는가?

미국 작가 존 스타인벡은 소설 《에덴의 동쪽》에서 성경 속 히브리어 '팀셸timshel'을 언급했다. 이는 '너는 이러이러할 것이다', '너는 이러이러해야 한다'라는 의미다. 하지만 이 단어가 '너는 할 수 있다', '해도 된다'를 뜻할 수도 있다는 사실은 스타인벡에게 이 단어가 '세상에서 가장 중요한 단어'인 이유다. 이 결정적 차이를 통해 인간은 죄를 다스릴 것인지 아닌지를 자유롭게 선택할 수 있는 자유의지를 가진 존재가 된다. 즉 성경 속 '머스트'라는 말에도 의문을 가질 수 있는 것이다.

언어학에서 단어의 의미, 그리고 다른 단어와의 연관성은 '의미망'이라는 지식 구조로 표현된다. 이 의미망에서 서로 강한 연관성을 지닌 단어들은 가까이 배치된다. 가령 '자동차'라는 단어는 '거리'나 '버스' 혹은 '주유소'라는 단어와 더 가까이 연결되지만 '사과'라는 단어와는 멀게 연결된다. 반면 '사과'라는 용어는 '배'나 '나무' 혹은 '녹색'이라는 단어와 밀접한 관계를 맺는다.

신경학에서도 단어의 의미가 의미망의 형태로 표현된다고 추정한다. 뇌는 서로 밀접한 관련이 있는 용어들을 가까운 거리에 저장한다. 예를 들어 당신이 '자동차'라는 용어를 생각하면 뇌의 특정 영역이 활성화된다. 오늘날 우리는 영상화를 통해 이 과정을 증명할 수 있다. 만약 당신이 '버스'라는 단어를 생각한다면 그 단어가 저장된 곳과 가까운 거리에 있는 뇌의 특정 부위에 불이 켜질 것이다. 반면 '사과'라는 용어를 떠올리면 전혀 다른 부위가 활성화될 가능성이 크다.[1]

심리학자 도널드 헤브[2]는 신경학 분야에서 다음과 같은 원칙을 만들어냈다. "우리가 규칙적으로 서로 다른 분야를 연결해 활성화시킨다면, 그와 관련된 언어들이 표현되는 신경 영역 또한 서로 연결된다." 이 연결은 역으로 적용되기도 한다. 특정 용어들이 이미 의미망에서 서로 연결되어 있다고 해보자. 그럼 개별 의미망에 담긴 하나의 단어를 떠올리기만 해도, 적어도 잠재의식 속에서는 서로 연결된 의미망이 활성화되는 것을 볼 수 있다. 가령 내가 '자동차'를 생각하면 자동으로 '버스'와 '거리', '주유소' 등이 떠오르게 된다….

우리가 '머스트'라는 단어를 생각하면 '강제와 의무', '선택의 여지가 없음', '책무와 압박감', '스트레스', '자유의 박탈'과 같은 단어를 자연스레 떠올리게 된다. 이러한 연관성은 의미망의 형태로 다음과 같이 단순하게 표현할 수 있다.

그래서 내가 무언가를 '해야 한다'고 말하거나 생각할 때, 다른

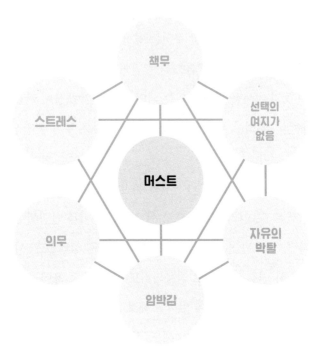

연관된 표현들도 활성화된다. 이는 연못에 돌을 던지는 것과도 같다. '머스트'라는 단어 위로 돌이 떨어졌다고 생각해보자. 돌이 물 속에서 만들어내는 동그란 파문은 주변에 있는 모든 것들을 활성화한다. 다시 말해 '반드시 해야 한다'라고 말하거나 생각할 때마다 강제와 의무, 책무와 압박감, 스트레스, 자유가 없다는 생각이

자동으로 따라오는 것이다.

심리 치료 연구자 클라우스 그라베[3]는 저서 《신경 심리 치료》에서 우리가 불쾌함을 피하고자 추구하는 일명 '회피 목표'에 관해 언급한다. 이 회피 목표는 뇌의 특정 영역(구체적으로 오른쪽 전두엽 피질의 뒤쪽과 옆 부분)에 표현된다는 것을 영상화 기술을 통해서 알 수 있다. 부정적 결과를 초래하지 않기 위해 우리가 '해야 하는' 것에 대해 생각할 때마다 이 영역이 활성화된다. 오른쪽 전두엽 피질은 편도체 등과 연결되어 있는데, 편도체는 잠재적인 위험에 대비하도록 위협을 받을 때 신체의 스트레스 시스템을 활성화하는 우리의 경보 센터다. 즉 우리가 자신에게 혹은 다른 사람에게 "이 메일을 확인해야겠어"라고 말할 때마다 이에 상응하는 의미망이 활성화될 뿐 아니라 이와 연결된 감정적·생리적 스트레스 반응도 활성화된다.

인지 재구성의 두 가지 기준(6장 참조)을 고려할 때, 우리는 머스트로 이루어진 수많은 문장이 이성적으로 옳지 않을 뿐 아니라 온당하지도 않으며 오히려 스트레스만 안겨준다는 결론에 도달한다. 우리의 언어에서 머스트라는 조동사는 없는 편이 낫지 않을까 하는 의문마저 생긴다. 그러면 머스트를 대체할 단어는 무엇일까? 우리가 일하지 않아도 되고, 법을 지킬 필요도 없고, 세금을 낼 필요도 없다면 대체 어째서 이런 일을 하는 걸까?

회피 목표 활성화

스트레스 체계의 반응

　매일 출근하고 싶은 기분이 들지 않더라도 우리가 일하는 이유는 그것이 내 삶에 (어느 정도) 의미를 안겨주며, 가족을 돌볼 수 있게 해주고, 단지 집을 나올 수 있는 구실이 되어주기도 하며, 주택 대출금을 갚거나 더 큰 평면 TV를 사는 데 보탬이 되어서이기도 하다. 교차로 주변의 몇 마일이 텅텅 비어 있음에도 불구하고 빨간 신호등 앞에서 차를 세우는 이유는 딱히 없지만, 어쩌면 나는 법을 준수하고 싶거나 애써 저축한 돈을 벌금보다는 더 의미 있는 일에 쓰고 싶은 것일 수 있다. 혹은 뒷자리에 앉은 내 아이들에게 모범이 되고 싶기 때문일 수 있다.

　내가 '해야만 해서' 하는 일을 하기 싫다면 나를 움직일 수 있는 유일한 동기는 '내가 그것을 원한다는 것'이다. 의미망은 '원하다'라는 동사에도 역시 적용된다. 가령 '의지', '소망', '자유', '목표', '꿈', '선택' 등의 단어가 밀접하게 연결되어 있다.

이런 의미망이 활성화된다는 것은 이른바 '근접 목표'가 표현되

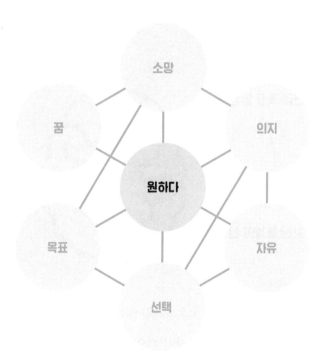

는 왼쪽 전두엽 피질의 영역이 활발해질 가능성이 가장 높다는 의미다. 이곳은 우리가 살면서 무엇을 성취하고, 그 목표들에 어떻게 접근할 수 있는지에 대해 생각하는 곳이다. 무엇보다 이곳은 우리

의 동기부여 및 보상 체계와 매우 강하게 연결되어 있다. 즉 우리가 목표를 달성할 가능성이 있을 때 동기를 부여해주고, 목표에 도달했을 때 도파민 호르몬을 분비함으로써 행복감을 준다.

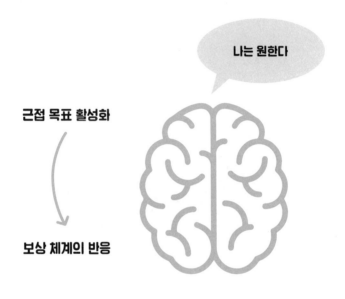

'나는 원한다'라고 말하거나 생각할 때마다 '의지'나 '소망', '자유', '목표', '꿈'과 같은 단어들도 같이 떠오르는 것이다. 이제 이 단어들을 잠시 생각해보자. 어떤 기분이 드는가? 단순하게 들릴지 모르지만 '해야 한다'를 '원한다'로 바꾼다면 의미망의 관점에서도 더 정확한 의미를 가지게 된다. 또 스트레스 체계보다는 보상 체계를 활성화시키는 결과를 얻을 수 있다. 그러니 처음부터 다음과 같이 하루를 요약하는 편이 훨씬 나은 것이다.

알람이 울리고 있네. 어서 샤워를 하고 싶어. 그런 다음 에스프레소를 한잔 마시고 싶어. 그리고 교통 체증에 걸리지 않기 위해 일찍 출발하고 싶어. 출근 시간에 맞춰 들어가고 싶거든. 회사에서는 점심 전에 일을 마치고 싶어. 시간을 낭비하고 싶지 않으니까. 12시 15분에는 티나를 만나서 점심을 먹고 싶어. 그 후에는 제시간에 맞춰 사무실로 돌아가고 싶어. 오늘 오후에 프레젠테이션이 있는데 제대로 준비하고 싶거든. 이번에는 정말 잘하고 싶어. 또 저녁 7시에 영화관에서 얀과 라르스를 만나고 싶으니까 퇴근 시간 전에 업무를 모두 마치고 싶어. 집에는 너무 늦지 않게 들어가고 싶어. 아침에 일찍 일어나고 싶으니까 늦지 않게 잠자리에 들고 싶거든. 아니면 알람을 맞춰놓는 게 좋겠네.

솔직히 수많은 일을 처리하면서 "지금 바로 이것을 하고 싶어!"라고 말하기란 매우 어렵다는 사실을 우리 모두 알고 있다. "신경 치료처럼 받기 싫은 건 없어!"라거나 "세금을 나중에 낼 수 있다면 최고로 좋을 텐데" 혹은 "이번 가족 모임에서는 꼴불견인 친척 할아버지 옆에 앉지 않아도 된다니, 얼마나 신나는지 몰라!"라는 말은 차마 내뱉을 수 없다. 하지만 진지하게 말해보자. 이런 표현은 부조리하고 비합리적인 사고 필터로부터 자신을 해방시키는 데 도움되는 것이다. 처음부터 "나는 이걸 원해요!"라는 문구를 사용하기 어렵다면 일단 머스트를 최대한 피해보자.

알람이 울리고 있네. 이제 샤워하러 가야겠다! 그러고 나서 에스프레소를 마셔야지. 하지만 오늘은 정시 출근을 위해서 시간에 맞춰 나가야지. 사무실에서도 최대한 효율적으로 일하려고 노력할 거야. 12시 15분에는 티나와 점심을 먹기로 약속했어. 오후의 프레젠테이션을 위해 제대로 준비하려면, 제때 사무실로 돌아올 계획이야. 이번엔 정말 최선을 다해야지. 7시에는 영화관에서 얀과 라르스를 만날 거니까 제시간에 퇴근해야겠어. 그러고 나서는 곧장 차를 몰고 집으로 가야지. 내일도 일찍 시작해야 하니까 충분히 자야지. 알람을 맞춰놓고 자는 게 좋겠어.

도구 32
삶에 별로 도움되지 않는 말은 과감히 삭제!

당신을 시험에 초대하려 한다. '반드시 해야 해'라고 생각하거나, 그렇게 생각하려고 노력하는 자신을 마주칠 때마다 합리적이고 건설적인 생각으로 바꿔보자.

혹시 삶에 별로 도움되지 않는 단어나 문구 혹은 신념이 있는가? 이 경우에도 유사한 방법으로 진행해보라. 그리고 특정한 생각이 합리적이지도 건설적이지도 않다는 사실을 깨닫게 되면 앞으로는 의식적으로 이를 바꾸려 노력해보라.

간단한 방법으로 삶의 질을 지속적으로 향상시키고 싶다면, 이제부터는 '머스트'를 문장에서 빼보라. 어떤가? 물론 이것도 '반드시' 해야 할 필요는 없다.

CHAPTER

도망은 조금 창피하지만, 분명 도움이 된다

- 고민에서 벗어나기 -

너희가 무언가를 안다고 생각할 때
어리석거나 불필요하게 여겨질지라도
그것을 다른 관점으로 바라볼 줄 알아야 해.

– 〈죽은 시인의 사회〉의 존 키팅

—— 유리잔에 음료수가 절반쯤 채워져 있다. 당신은 잔에 절반이 남았다고 느끼는가, 아니면 절반이 비었다고 느끼는가? 지금 목이 마른지 아닌지에 의해 좌우되지 않는가? 음료가 뜨거운지 차가운지를 아는 것도 중요할까? 음료가 사막에서 제공되는지 북극에서 제공되는지도 중요한 문제일 것이다. 그리고 결국은 모두 '관점'의 문제다.

간단한 실험을 해보자. 종이에서 볼펜을 떼지 않은 채, 다음 아홉 개의 점을 네 개의 직선으로 연결하는 것이다.

바로 포기했는가? 너무 걱정하지 마시라! 이 수수께끼를 푼 사람은 매우 극소수에 불과하니까 말이다.

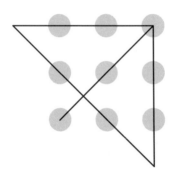

사실 이 문제를 풀기는 그리 어렵지 않다. 그런데 왜 우리는 쉽게 답을 찾지 못했을까? 이 수수께끼를 대할 때 우리 두뇌가 점의 배열로 만들어진 사각형에 갇히기 때문이다. 답은 상자 밖에 있는데 우리 생각은 상자 안에 갇혀버린 것이다.

다른 문제는 어떨까? 계단의 전구 세 개와 각각 연결된 스위치 세 개가 지하실에 있다고 해보자. 어떤 스위치가 어떤 전구를 작동시키는지 알아내야 하는데, 지하실에는 딱 한 번만 내려갈 수 있다. 답은 이렇다. 먼저 지하실에서 스위치 3을 켠 다음 10분 후 끈다. 그리고 스위치 1을 켠다. 이제 계단으로 돌아와서 확인하면? 불이 들어온 전구는 스위치 1과 연결돼 있고 꺼져 있지만 아직 따뜻한 전구는 스위치 3과, 꺼져 있고 차가운 전구는 스위치 2와 연결돼 있음을 알 수 있다. 보통은 시각적 차원에서만 문제를 해결하려 하지만(빛이 켜지거나 꺼지는) 답의 실마리는 온도라는 감각적 차원에 있다.

무슨 이야기를 하려는지 짐작이 가는가? 일상에서 우리는 늘 상자 안에 갇힌 채 뭐든지 네모난 모양으로만 찍어내려고 하지 않는가? 때로는 해결책을 찾기 위해 상자 밖에서 생각하는 것만으로도 충분하다. 물론 이는 상당히 어려운 문제일 수 있다. 우리 두뇌는 항상 우리를 속이려들기 때문이다. 보통 '보는 것'부터 그런데 맹점 테스트만 떠올려도 확실히 알 수 있다. 오른쪽 눈을 감고 왼쪽 눈으로 십자가 모양을 응시해보자. 그런 다음 천천히 앞뒤로 움직이다보면 원이 갑자기 사라진다. (반대로 왼쪽 눈을 감고 원을 응시하며 동작을 반복하면 십자가가 사라진다.)

맹점은 시신경이 망막에 집중되는 지점이다. 이곳에는 시각세포가 없다. 그래서 뇌는 주변 광수용체 세포의 정보를 사용해 누락된 이미지를 감지하고자 한다. 즉 사각지대는 비어 있는 것으로 인식되지 않는다. 주변의 잎이 흰색이면, 뇌는 시각적으로 누락된 부분도 흰색이리라 추정한다.

우리가 자라온 과정이나 사회화, 그리고 각인된 경험 등은 삶을 분석하는 데 기본적인 공식을 제공한다. 그것들이 그 순간에 적합한지 아닌지의 여부와 관계없이 말이다. 사각지대처럼 누락된 정보를 채워야 할 때, 우리 뇌는 지금까지의 경험을 바탕으로 맞다고 판단되는 것에 의존한다. 내가 '한지'라는 이름의 작은 토끼에 대한 세 시간짜리 이야기를 들려주고 나서, 다음의 그림을 보여준다면? 내 이야기에 영향을 받아서 그림 속 동물이 "토끼"라고 말할 가능성이 높다.

만약 '드레이크 에디(디즈니의 애니메이션 시리즈 〈오리형사 다크〉에 등장하는 캐릭터-옮긴이)'가 이야기의 주인공이었다면? 그림을 보고 오리를 먼저 떠올릴 가능성이 크다.

문제가 발생했을 때 항상 같은 관점에서 바라본다면 금세 압도당할 수밖에 없다. 숲에서 길을 잃었다고 해보자. 눈앞의 나무만 볼 뿐 숲 전체를 보기는 힘들다. 그러니 나무 위로 올라가야 한다! 위에서는 모든 게 달리 보일 것이다! 영화 〈죽은 시인의 사회〉에서 이단적인 교사 존 키팅(로빈 윌리엄스 분)은 삶을 다른 관점으로 보라며, 학생들에게 책상 위에 서보라고 권한다. 우리라고 그렇게 하지 말라는 법이 있을까? 원한다면 지금 앉아 있는 의자 위에 올라서보자. (당신이 도서관이나 비행기 혹은 바티칸에서 이 부분을 읽고 실천에 옮긴다면, 그 결과에 대해서는 나에게 책임을 묻지 마시길.)

익숙한 공간에 있을 때조차 관점의 변화는 종종 상상할 수 없는 통찰력을 안겨주곤 한다. 가령 시선을 낮춰 문틀 위에 쌓인 먼지를 본다면, 청소부가 생각처럼 늘 꼼꼼히 청소하는 것은 아니라는 사실을 알게 된다. 어느 날 찬장에서 배우자가 남몰래 감춰둔, 오래된 파니니 축구 카드를 발견할 수도 있을 것이다.

획기적인 통찰력을 지니지는 못했다 하더라도, 우리 모두는 적어도 의식적으로 언제든 다른 관점을 취할 수 있다. 체계적인 가족 치료의 창시자 버지니아 사티어는 '리프레이밍reframing'이라는 용어를 사용했는데, 이는 기존의 것에 새로운 의미를 부여한다는 의미다. 전체 그림에서 제한된 부분만 보여주는 프레임과 마찬가지로, 현실에 대한 우리의 관점도 주관적 맥락에 의존한다. 관점을 바꿈으로써 우리는 이미지를 재구성할 수 있다. 신경언어학 프로

그래밍의 창시자인 리처드 밴들러와 존 그라인더는 리프레이밍이라는 주제를 다룬 대표적인 사람들이다.[1]

워크숍 참가자 : 제 아내는 뭔가를 결정하는 데 시간이 오래 걸립니다. 옷을 고르기 전에도, 가게에 있는 모든 옷을 훑어보고 비교하는 습관이 있을 정도죠.

워크숍 리더 : 부인은 결정하는 데 매우 신중한 분이군요. 그런 분이 세상 모든 남자들 중에서 당신을 선택했다는 건 대단히 으쓱할 만한 일이 아닌가요?

신경학자이자 정신과 의사인 노스랏 페제슈키안의 《상인과 앵무새》에 나온 〈나는 40년 전만큼이나 건강하다〉라는 이야기에서 또 다른 예를 찾을 수 있다.

노인이 된 세 친구가 둘러앉아 청춘의 기쁨과 노화의 괴로움에 대한 이야기를 나누고 있었다. 그들 중 한 사람이 한탄했다.

"아이고, 팔다리가 이제 더는 예전처럼 움직이지 않아. 예전에는 종마처럼 뛰곤 했는데, 지금은 다리에 힘이 너무 빠져서 오른발을 왼발 위에 얹기도 힘든 지경이 되었지 뭔가."

"자네 말이 맞아." 두 번째 노인이 동의했다. "청춘의 혈기가 마치 사막의 빗물처럼 빠져나가버린 느낌일세. 시대가 변했고 시간의 맷돌이 돌아가는 동안 우리도 변했지."

세 번째는 다른 두 친구 못지않게 쇠약해 보이는 물라(이슬람교의 법과 교리에 대해 정통한 사람을 가리키는 존칭-옮긴이)였다. 물라는 말했다. "친애하는 친구들, 난 자네들이 무슨 말을 하는지 하나도 모르겠네. 난 40년 전과 하나도 다르지 않게 건강하다네." 친구들은 어이없다는 듯 그를 바라보았다. "사실이야, 그렇고말고." 물라는 큰소리쳤다.

"바로 어제 그걸 증명했잖나. 자네들도 기억하겠지만, 우리 집 침실에는 엄청 무거운 떡갈나무 찬장이 있지 않나. 40년 전에 내가 찬장을 들어 올리려 했는데, 그땐 자네들도 잘 알다시피 실패했지. 어제 갑자기 그 생각이 나서 다시 한번 시도했는데 역시 할 수 없더군. 아무리 힘을 써도 안 되는 거야. 그것만 봐도 한 가지는 분명하지. 내 힘이 40년 전과 마찬가지란 사실 말일세."[2]

도구 33
10년 전 고민, 사실 기억나지 않잖아?

심리 치료에서는 관점 변화를 위한 여러 기술이 제안되는데, 이는 어려움에 처했을 때 교착상태를 벗어날 방법을 제공한다. 이 기술은 다양한 시나리오를 최대한 시각화할 때 가장 효과적이다. 다음과 같이 연습해보자.

현재 어떤 문제와 씨름하고 있다면 미래에는 그것을 어떻게 생각할지 상상해보라. 미래의 집을 상상할 수 있는가? 여전히 지금 아파트에 살고 있을지 아니면 꿈꾸던 고급 빌라에서 살고 있을지, 잠시 눈을 감고 상상 속으로 빠져보자.

당신이 제일 좋아하는 공간에 앉아, 벽에 걸린 액자 속 사진들을 둘러보며 삶을 돌아보라. 10년 전 골치를 지끈지끈 아프게 했던 문제들을 기억하는가? 당시에는 까마득한 미래였던 지금, 그 문제들을 어떻게 생각하는가? 당신의 삶이라는 책에서 이 문제가 차지하는 공간은 얼마나 되는가? 한 챕터? 한 쪽? 아니면 한 단락? 이 관점에서 지금의 문제를 다시 바라볼 수 있겠는가?

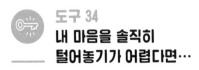

도구 34
내 마음을 솔직히
─── 털어놓기가 어렵다면…

이번에는 신뢰하는 누군가에게 고민을 털어놓는 상황을 상상해보자. 상대는 가까운 친구이거나 가족일 수도 있고 심리 치료사일 수도 있다. 여하튼 상대를 잘 알고 있으므로 당신은 그(그녀)가 어떤 조언을 해줄지 짐작할 수 있을 것이다. 상대가 해줄 법한 조언을 최대한 구체적으로 적어보자. 다른 사람에게 내 문제를 이야기하기가 어렵거나 부담스러울 때, 이 방법을 통해 언제든 조언과 위안을 구할 수 있다.

도구 35
나라면 뭐라고
___ 조언해줄까?

당신이 믿고 따르는 사람이 지금 당신을 힘들게 하는 것과 같은 문제로 고통받고 있다고 상상해보자. 그리고 그(그녀)가 당신에게 조언을 구하고 있다고 가정해보자.

마치 현실인 듯 상대에게 어떤 조언을 해줄지 집중해보라. 그런 후 머릿속에 떠오른 이야기들을 적어보라. 놀라운 사실은 스스로 문제를 해결하고자 고군분투할 때보다, 다른 사람에게 조언할 때 더 창의적일 수 있다는 것이다. 단순한 상상력의 기술을 통해 이를 잘 활용할 수 있다.

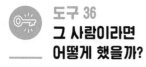

도구 36
그 사람이라면
어떻게 했을까?

심리학자 마샤 리네한[3]이 개발한 변증법적 행동 치료에서는 압도
적인 감정과 자신을 분리할 방법을 안내한다.[4] 이를 위해서는 먼저
존경하는 인물을 선택해야 한다. 당신과 가까운 사람이 될 수도 있
고 유명인이나 가상의 인물이 될 수도 있다(달라이 라마나 버락 오바
마 혹은 스파이더맨).

　스트레스로 꽉 찬 상황에서 당신의 '일상 속 영웅'이라면 어떻게
대처할지 생각해보자. 스파이더맨이라면 나에 대한 동료들의 험
담을 시원하게 맞받아치거나, 그들을 거미줄에 싸매어 공중에 매
달아놓을 수도 있을 것이다. 첫 번째 해결책은 속을 시원하게 만들
어줄 것이다. 두 번째는 적어도 웃음 짓게 해주거나, 아니면 스트
레스로부터 감정적 거리를 두도록 도와줄 것이다.

도구 37
'만약 … 라면'의 힘

관점을 달리하는 능력을 기르는 소위 '지혜 치료'[5]에서는 가상의 인물들을 이용하여 다른 관점으로 바라보는 훈련을 제시한다. 다음의 예를 살펴보자.

슈미트 씨는 25년 동안 한 부서의 책임자로서 성공적으로 일해 왔다. 그러다 불의의 사고를 당해 장기간 입원해 있는 사이 직장에서의 자리를 잃게 된다. 젊은 대학 졸업생이 그를 대신하여 부서장으로 임명된 것이다. 이 상황을 상상해보고 새로운 부서장과 인사부장, 그리고 슈미트 씨의 입장이 되어 생각해보자. 관련된 모든 사람의 관점에서 가상의 스트레스 상황을 살펴봄으로써, 상황을 다르게 받아들이는 훈련을 할 수 있다. 이런 가상 시나리오의 예는 영화나 책, 신문 기사 등에서도 찾아볼 수 있다.

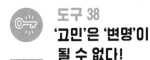

도구 38
'고민'은 '변명'이
될 수 없다!

리프레이밍이라는 새로운 관점은 우리의 문제가 어쩌면 무의식에서 나름의 기능을 하고 있지 않은지 질문하는 용도로 사용할 수도 있다.

늘어난 음주가 어쩌면 불쾌한 감정을 감추는 데 도움되지 않을까? 내가 우울한 기분으로 뒷걸음질치면 상대가 더 많은 애정을 쏟지는 않을까? 불안감을 감추고자 친구들 앞에서 우스운 행동을 하는 것은 어떤가? 이와 같은 질문을 던짐으로써 문제를 살펴볼 가치가 있다.

- 문제가 갑자기 해결된다면 당신은 무엇을 잃게 될까?
- 더 이상 문제 해결을 위해 골몰할 필요가 없다면 여가 시간에 무엇을 할 것인가?
- 가끔 자신의 문제를 변명처럼 사용하지는 않는가?
- 가끔 당신이 문제에 압도당하고 있다는 사실을 깨닫는가?

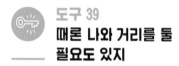

도구 39
때론 나와 거리를 둘 필요도 있지

다양한 외상 치료법 중 좀더 쉽게 트라우마를 처리하기 위한 방법으로 '스크린 기술'이 있다. 이는 일상 속 스트레스와 어느 정도 거리를 두는 데도 도움이 된다.

이미지를 투사할 수 있는 화면을 떠올려보자. 스트레스로 가득 찬 상황(과거, 현재 또는 미래)을 화면을 통해 영화처럼 본다고 상상해보자. 내가 어떤 모습을 보이고 어떤 행동을 하는지를 영화 속

배우를 보듯 관찰하는 것이다. 일시 중지나 중지, 빨리 감기나 되감기를 할 수 있고 슬로모션으로 감상하는 것도 가능하다. 밝기와 색상을 변경하거나 소리를 높이거나 낮추는 것 역시! 외부에서 바라본 상상의 풍경은 나와 거리를 두게 함과 동시에 새로운 시각을 제공한다.

상사가 도무지 불가능한 일을 떠넘길 때, 의자 위로 올라가거나 마음속으로 시간 여행을 하거나 상상 속에서 스파이더맨을 불러보자. 사실 당신의 일은 많은 상자 중 하나에 담겨 있는 것뿐이다.

PART

3

자존감의 도구

CHAPTER

비행기보다 볼펜이
더 위험한 이유

- 자존감을 높이는 상대화 전략 -

"아, 이건 그냥 긁힌 거야!"
"긁힌 자국이라고? 팔이 떨어져 나갔잖아!"
"아니야!"
"그럼, 그게 뭐야?"
"참, 신경 쓰지 말라니까! 더 나쁜 일도 많은데 뭘 그래."

– 〈몬티 파이튼의 성배〉
(영국의 6인조 코미디 그룹 몬티 파이튼이 제작한 영화–옮긴이)

—— 잠시 상어를 생각해보자. 무엇이 연상되는가? 거대한 등지느러미가 당신을 향해 달려오는 모습을 마음의 눈으로 볼 수 있지 않은가? 벌어진 입 사이로 피투성이의, 면도날처럼 날카로운 이빨이 보이는가? 이쯤 해서 스필버그의 영화 〈죠스〉의 배경음악이 들리지 않는가?

이제 코코넛의 이미지를 떠올려보자. 카리브해 해변의 해먹에서 피나콜라다를 홀짝홀짝 마시고 있는 자신의 모습이 보이지 않는가? 바닷바람에 잎이 가볍게 흔들리는 야자수 아래 그늘에 누워 있는 자신의 모습은?

무엇이 당신을 더 긴장하게 만드는가? 바보 같은 질문이지만 둘 중 무엇이 당신에게 더 위험할까? 상어? 코코넛? 종종 인용되는 통계에 따르면 실제로 더 위험한 쪽은 코코넛이다. 매년 전 세계적으로 상어의 공격을 받는 사람은 극소수에 불과하지만, 코코넛이 머리 위로 떨어져 목숨을 잃는 사람은 150명이나 된다고 한다. 바람에 살랑대는 야자수가 갑자기 느긋하게만 느껴지진 않는다.

이 예는 우리가 실제 위험 확률을 추정하는 데 얼마나 서투른지를 보여준다. 가령 차를 타는 것보다 비행기를 타는 것을 무서워하는 사람이 훨씬 더 많다. 하지만 (통계에 따라 다르긴 하지만) 차를 운전하는 것이 비행기를 타는 것보다 100배에서 2000배 더 위험하다. 또한 많은 이들이 테러 공격의 희생양이 되는 것을 매우 두려워한다. 그런데 객관적으로 훨씬 더 치명적인 것은 무엇일까? 테러 공격을 뺀 모든 것이다. 가령 샤워 중 미끄러지거나, 사다리에서 떨어지거나, 생선뼈가 목에 걸려 질식할 위험 등등…. 미국에서는 통계적으로 어린아이에게 총을 맞을 가능성이 더 높다. 낙뢰로 사망할 확률도 더 높다. 번개에 맞아 숨지는 것보다 사망할 확률이 25배나 높은 경우는 무엇일까? 바로 볼펜 조각을 삼키는 것이다.[1] 그렇지만 우리는 테러리즘과 볼펜 중 무엇을 더 두려워하는가?

이러한 인지적 왜곡에 대한 이유는 먼저 언론 보도에서 찾을 수 있다. 세계 어느 곳에서나 비행기 사고는 뉴스에 확실히 보도된다. 뉴질랜드에서 발생한 비행기 사고로 20명이 사망하면 우리는 곧 이에 대한 소식을 듣는다. 하지만 어제 이웃 나라에서 얼마나 많은 사람이 교통사고로 죽었는지 알고 있는가? 모른다고? 나도 모른다.

우리는 사건을 자주, 그리고 강렬하게 접할 때 그것의 위험 확률을 과대평가한다.

두 번째는 감정적 요인이다. 거대한 백상아리에 대한 느낌도 마찬가지지만, 비행기 사고나 테러 공격의 이미지는 아무리 실제적인 위험이 없더라도 우리에게 강한 감정적 반응을 유발한다. 실제로 테러 공격의 목표는 공포를 확산시키는 것이고, 그런 점에서 테러리스트들은 성공적으로 목표를 달성하곤 한다.

반면 우리는 볼펜과 같은 일상적인 물건에 대해 위험보다는 실용적인 목적을 더 자주 떠올린다. 그런데 이 지구상에서 가장 위험한 곳이 어디인지 알고 있는가? 당신의 침대다. 대부분의 사람은 침대에서 죽는다.

확률을 무시한 위협적인 사건에 대한 두려움은 사건 발생 확률에 대한 과대평가로 이어질 뿐 아니라, 위험을 예방하려는 조치를 지나치게 신뢰하는 결과로도 이어진다.[2] 예를 들어 9·11 테러 이후 많은 미국인들은 비행기 타는 것을 두려워하며 장거리 자동차 여행을 선택했다. 하지만 궁극적으로 이는 교통사고 사망자의 급격한 증가로 이어졌다.

이보다 더 나쁠 순 없다고?
정말?

간혹 확률 무시의 함정에 빠지게 된다면 자신 안에 있는 통계학자를 불러내보자. 과장이나 축소의 방식 대신 확률을 참고하라. 불행하게도 오늘날 우리가 상어의 공격이나 비행기 추락, 테러 공격의 희생자가 되지 않을 거라고 100퍼센트 장담할 수는 없다. 하지만 우리가 별로 두려워하지 않는, 수많은 다른 사건들이 훨씬 더 위험하다. 그럼에도 불구하고 우리에게 나쁜 일이 일어나지 않을 확률은 객관적으로 매우 높다. 이 얼마나 안심되는 소식인가? 그러니 이제 볼펜 씹는 버릇을 고치기 바란다!

우리는 위협적인 사건의 발생 가능성을 정확하게 판단하는 데 매우 미숙할 뿐 아니라, 스트레스 상황에서도 별반 다르지 않은 태도로 반응한다. 다음과 같은 상황을 상상해보자. 열정적인 취미 활동가인 당신은 2342개의 이쑤시개를 하나씩 정성껏 접착하여 아폴로 13호의 복제품을 막 완성했다. 그런데 아이가 어설픈 오버헤드킥으로 (집 안에서는 축구를 하지 말라고 수천 번이나 말했지만) 당신의 걸작을 와장창 부숴버렸다. 일어난 일에서 잠시 눈을 돌려, 이쑤시개 우주선이 완벽하게 망가졌다는 사실을 깨닫는 순간의 감정적 반응을 0~10의 척도로 평가해보라. 그런 다음 상황의 실제 객관적 심각성(0~10의 척도로, 실제로 얼마나 나쁜지)을 평가해보라. 예를 들어 다음과 같을 수 있다.

상황	감정적 반응	객관적 심각성
파괴된 이쑤시개 우주선	10/10	5/10

이제 다른 상황을 상상해보자. 일을 마치고 집에 돌아왔다. 가족이 마당에 서서 (아폴로 13호 복제품을 비롯하여) 전 재산과 함께 집이 불타는 모습을 망연자실하게 바라보고 있다. 이때의 감정 반응과 심각성의 등급을 매겨보라. 이는 다음과 같은 형식을 취할 수 있다.

상황	감정적 반응	객관적 심각성
불타는 집	10/10	10/10

이제 같은 상황을 다시 한번 상상해보자. 이번에는 가족이 앞마당에 있는 것이 아니라 집 안에 있다.

상황	감정적 반응	객관적 심각성
불타는 집 안에 있는 가족	10/10	10/10

처음 평가한 두 상황에 대한 객관적 심각성의 정도를 조정하고 싶은 마음이 들 수 있다. 아마도 결과는 다음과 같지 않을까?

상황	감정적 반응	객관적 심각성
파괴된 이쑤시개 우주선	10/10	1/10
불타는 집	10/10	5/10
불타는 집 안에 있는 가족	10/10	10/10

여기서 무엇을 깨달았는가? 스트레스와 긴장감으로 가득 찬 상황에 비례하는 우리의 반응 양식은 그다지 옳지 않다는 생각이 들지 않는가? 물론 상상력을 확대하자면, 화재가 아니라 핵전쟁으로 인해 모든 것이 몽땅 파괴될 수도 있다. 하지만 그것이 요점이 아니라는 사실은 당신도 잘 알 것이다. 객관적으로 보면 항상 더 나쁜 상황이 있을 수 있다. 하지만 우리의 스트레스 시스템은 감정적으로 스트레스를 받는 상황을 구별하는 문제에 대해서는 쉽사리 한계에 도달하는 듯하다. 스트레스 호르몬을 측정해보면, 키보드에 커피를 쏟았을 때나 누군가가 내 목을 칼을 대고 있을 때나 그 수치가 비슷하다.

최악의 상황을 이용하는 것이 상대화 전략일 수 있다는 깨달음이 우리에게 유용할까? 답은 물론 그렇다, 이다. 하지만 거기에도 작은 함정이 있다. 다음의 예를 보자.

늦잠을 자는 바람에 헝클어진 머리로 숨을 헐떡이며 도착했는데도 30분 지각했을 경우, 상사의 질책하는 눈초리가 무서운가? 한눈에 반한 상대에게 마침내 커피를 마시자고 청했다가 거절당한 후 한참이 지나도록 슬럼프에 빠져 있는가? 내 아이가 다른 아이를 때리는 바람에 학교로 불려가게 되어서 심란한가? 사실 모두 큰일은 아니다. 아프리카의 굶주린 아이들이나 박해와 고문, 전쟁을 피해 도망치는 사람들을 생각해보라!

이런 말이 귀에 익지 않은가? 부모님이나 배우자, 혹은 지인에게 걱정거리나 고민을 털어놓았을 때 이런 얘기를 들은 경험이 없는가? 아니면 아이가 새로운 플레이스테이션과 닌텐도스위치를 왜 사주지 않느냐고 불평할 때, 당신도 가끔 이런 식의 대답을 하지는 않는가? 우리 안에는 지나친 불평을 삼가야 한다는 생각이 주입된 믿음으로 남아 있을 것이다('이런 불평은 하면 안 돼. 너는 다 가지고 있잖아. 현실에 만족해야 해!').

이를 '값싸고 교묘한 상대화'라고 부른다. 이 전략은 대개 효과가 크며 (항상 더 나쁜 일은 있기 마련이므로) 수치심과 죄책감을 유발한다. "나는 불평할 권리가 없다"는 말은 객관적으로 볼 때 다른 사람들이 더 고통받는 듯하니, 나의 고통을 표현하는 일을 금지하거나 죄악시하는 것이다. 이러한 유형의 주장에는 당연히 반발이 따른다. "학교에 가고 싶어도 못 가는 아이들이 많다"라는 말을 듣고, 갑자기 학교에 가고픈 마음이 솟아나는 아이들은 그다지 많지 않을 것이다.

다른 사람이나 우리 안의 도덕 나침반이 마음속 죄의식에 호소하려 한다는 사실을 감지할 때, 대부분 이 같은 극단적 비교에 거부감을 느끼기 마련이다. 물론 안전한 건강보험에 가입해 있다는 사실은 특권이다. 하지만 온갖 혜택을 받을 수 있는 보험에 가입하지 못한 수많은 사람들을 생각한다고 해서, 임플란트 시술이 무척 즐거운 경험이 될 수는 없을 것이다.

그럼에도 불구하고 상대화라는 접근법이 가진 단순한 논리는 무시하기 어렵다. 발이 부러져서 석고붕대를 한 채 목발을 짚고 몇 주 동안 절뚝거리며 다녀야 하는 것은 분명 매우 짜증나는 일이다. 하지만 두 발이 다 부러졌다면 상황은 훨씬 더 심각했을 것이다. 그런 점을 염두에 둔다면 한쪽 발이 부러진 것은 그렇게 힘든 일이 아니어야 한다. 그렇지 않은가? 답은 예스와 노, 둘 다이다. 고통이란 매우 주관적이기 때문이다. 그렇지만 '더 나쁜 일은 언제나 생길 수 있어'라는 전략은 감정적 순간에 우리가 얼마나 차별화되지 않은 반응을 보이는지를 자각하게 해준다.

'나는 이룬 것도 없고 멍청해!', 진짜?

상대화 전략을 최적으로 활용하려면, 자신 안에 있는 방어기제를 예상하기 위해 양심의 가책을 받지 않는 것이 중요하다. 대신 자신의 반응을 공평하게 관찰하라. 부정적 감정을 스스로에게 허용하고 스트레스 시스템이 여전히 잘 돌아가는지, 객관적 심각성에 대한 비교에도 불구하고 느낌의 강도가 전혀 달라지지 않는지 계속 자문해보라.

다음은 고전적인 TV 광고의 한 장면이다. 두 남자가 수년 후에 다시 만난다. 첫 번째 화면에서 한 남자가 집과 차, 보트를 자랑스럽게 보여준다. 하지만 그의 기쁨은 다른 남자가 등장하는 순간 빠르게 사라진다. 그의 집은 더 고급스럽고, 차는 더 빠르고, 요트는 더 화려하다. 우리가 소유한 것의 가치는 더 많은 것을 가진 타인과 비교하는 순간, 곧바로 줄어드는 듯하다. 가까운 사람들과 직접 비교를 하는 순간에도 우리는 인지적 왜곡의 희생자가 될 수 있다. '이웃집 잔디밭은 항상 우리 집 잔디밭보다 푸르다.'

사회적 비교 과정은 우리의 자아상을 형성한다.[3] 이는 자신의 강점과 약점을 보다 잘 파악하고, 지속적으로 개선하려는 동기를 강화시키는 데 도움이 될 수 있다. 이것을 '건설적 부러움'이라고 부르기도 한다. 하지만 사회적 비교 과정은 매우 다른 방식으로 이루어지기도 한다. 예를 들어 우리는 비슷한 사람과 자신을 비교하기도 한다(수평적 비교). 또 사회적 비교가 '하향적'인 경우도 있다. 이때는 대개 어떤 면에서 자신보다 열등하거나 형편이 나쁜 사람과 자신을 비교한다. '상향적' 비교의 경우에는 그 반대다. 상향적 비교를 통해 우리는 나보다 더 성공하고, 더 재능 있고, 더 매력적인 사람을 자존감의 척도로 사용하기도 한다. 자존감이 낮은 사람들은 일반적으로 상향적 비교 방식을 채택할 가능성이 크다. 그러나 이 경우 비교를 하는 것은 그다지 바람직하지 않다. 자기계발에 도움이 되기는커녕 대부분 자기비하로 이어지기 때문이다.

물론 형편없는 졸업 시험 결과를 받은 후에는 졸업장을 딴 다른 학우들을 보며 좌절감을 느낄 수 있다. 사회적 비교는 다음과 같은 평가로 이어진다.

'나는 남들에 비해 이룬 것도 없고, 다른 누구보다 멍청해.'

하지만 이 결론에는 분명한 함정이 있다. 시험을 망쳤다고 해서 모든 이들보다 뒤처진 것이 아니다. 그저 마지막 졸업 시험에 합격한 다른 학생들보다 잠시 뒤처진 것뿐이다.

일상적으로 마주치는 사람들과 자신을 비교하는 것은 당연한 일이다. 학문을 공부하는 사람으로서 징글징글하게 똑똑한 의견을 발사하는 다른 학자들과 온종일 어울리다보면, 비학문 분야의 사람들과 비학문적인 대화를 나누는 일을 지적으로 열등하다고 느낄 수 있다. 나는 헬스클럽의 다른 회원들에 비해 살짝 과체중이지만, 심각한 저체중의 모델들은 매일 다른 모델들을 보면서 자신이 뚱뚱하다고 자책한다. 알코올이나 다른 중독 물질을 소비하는 데도 이와 같은 비교가 문제될 수 있다. 나만큼 혹은 나보다 술을 더 많이 마시는 친구들과 비교하며 나의 음주는 지나치지도 문제가 되지도 않는다고 위안하는 것이다. 세상에는 나보다 술을 덜 마시는 사람이 훨씬 많으며, 나의 친구들이 마시는 술이 평균 음주량을 대표하지는 않는다는 사실을 무시한 결과다.

이와 같은 왜곡된 비교의 매듭을 끊고 상대화시키는 방법은 객관적 수치를 확인하는 것이다. 다른 사람들과 비교하여 스스로를 깎아내리거나 혹은 문제가 있는 행동을 대수롭지 않게 여기는 자신을 발견한다면, 객관적 기준을 사용하여 문제의 특징을 파악해보자.

지성의 척도를 재고 싶다면 IQ 값을 참고하는 것도 괜찮다. 이 척도는 '정상적인 분포'에 관한 것인데, 다시 말해 극소수의 양극단 집단을 제외하고 대부분의 사람이 평균값에 해당한다는 의미다.

IQ 지수를 통해 지능적 측면에서 자신을 좀더 잘 파악할 수 있다. 가령 당신의 IQ 지수가 100 정도라면, 보통 사람들만큼 혹은 이들보다 더 똑똑하다는 의미다. 115라면 벌써 나머지 84.1퍼센

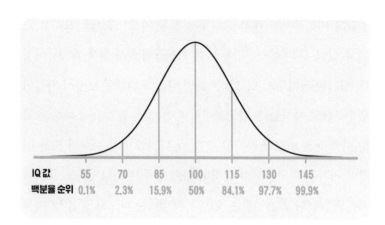

IQ 값	55	70	85	100	115	130	145
백분율 순위	0.1%	2.3%	15.9%	50%	84.1%	97.7%	99.9%

트의 사람보다 더 똑똑하다는 뜻이다.

학교 성적은 지능의 또 다른 척도를 제공하기도 한다. 독일에서 대학 입학 자격을 획득한 학생들의 수는 전체의 50퍼센트 정도다. 누군가 대학 공부를 시작한다는 것은 다른 절반의 학생들보다 학문적으로 성취를 거두었음을 의미한다. 따라서 학업 성취도를 지능의 척도로 본다면, 형편없는 졸업 시험 이후 자동으로 드는 '나는 다른 사람들보다 덜 똑똑해'라는 생각을 '나는 절반의 사람보다는 똑똑해'로 바꿀 수 있다. 참고로 학사 학위를 취득한 독일인의 수는 30퍼센트 미만이다. 학사 학위를 가지고 있다는 것은 (적어도 서류상이나마) 내가 인구의 70퍼센트보다는 더 똑똑하다는 의미다.

하지만 대학 졸업자가 박사 학위를 받은 지인들이 우글거리는 모임에서 이들과 자신을 비교한다면, 그는 대학 졸업장을 받지 못한 사람들과 같은 결론에 도달할 것이다.

'나는 남들에 비해 이룬 것도 없고, 다른 누구보다 멍청해.'

정말 바보 같은 결론이지 않은가? 학사 학위나 박사 학위가 지능의 궁극적인 척도로 사용될 수 없다는 사실은 굳이 말할 필요도 없다. 대부분의 사람과 마찬가지로 당신은 대학 졸업자 중 '엘리트' 그룹에 속하지도 않고, 대학 졸업장이 없을 수도 있다. 하지만 적어도 다른 많은 사람보다 당신을 더 똑똑하게 만드는 요소가 있다는 사실을 잊어서는 안 된다. 당신에겐 책을 읽는 능력이 있다! '그게 무슨 특별한 능력이야, 그야말로 누구나 할 수 있는 일이잖아?' 라고 생각하는 사람도 분명 있을 것이다. 하지만 이는 정답이 아니다! 독일의 18세에서 64세 사이 성인 중 문맹률이 약 12퍼센트나 된다.[4] 그들 중 절반 이상이 독일어를 모국어로 사용하는 사람들이다. 그러니 당신이 가지고 있는 능력을 당연하게 여기지 마라.

우리가 타인과 끊임없이 우리 자신을 비교하는 또 다른 (매우 주관적인) 특징은 신체에 대한 이미지다. 만약 내가 순백의 치아와 번들거리는 몸을 자랑하는, 한 무리의 보디빌더들 옆에 비치타월을 펼치고 누워 있다면 나의 자아상은 쪼그라들기 십상이다.

'나야말로 이 지구상에서 제일 보잘것없는 인간이야!'

좋다. 사실 나를 제외한 이 지구상의 70억 인구가 나보다 모두 매력적일 가능성은 거의 없고, 이상형으로 보디빌더를 꼽지 않는 사람들도 분명 있다는 사실을 이성적으로는 잘 알고 있다. 그럼에도 불구하고 이런 생각이 자동으로 들 때 나의 자존감은 매우 부정적인 영향을 받기 마련이다. 그러므로 사회적 비교를 통해 스스로를 깎아내리는 모습을 발견한다면 일반화에 속지 않도록 조심하라.

도구 42
나는 '진짜', '정말' 별로일까?

만약 IQ 척도와 같은 객관적 도구가 없다면 스스로 비교 척도를 만들어보는 방법도 있다. 이를 위해 사용할 수 있는 기술 하나는 '시각 아날로그 척도'라고 불리는 것이다. 일단 다른 사람과 비교하고 싶은 특성의 선을 그어보자. 양극의 스펙트럼을 가진 두 명의 모델을 찾은 다음 X 표시를 통해 비교 대상과 자신을 표시해보자.

매력 지수라는 예를 들자면 다음과 같이 나타낼 수 있다. 부정적 극단에는 디즈니 영화 〈노트르담의 꼽추〉에 나오는 '콰지모도'를 선택한다. 다른 긍정적 극단에는 2019년 '가장 매력적인 남자'로 뽑힌 존 레전드나 '가장 매력적인 여자'로 뽑힌 올리비아 컬포가 들어갈 수 있다.

콰지모도   존 레전드/올리비아 컬포

이제 당신의 친구나 지인을 무작위로 떠올려보고, 이 선을 따라 가능한 정확하게 매력 지수를 분류해보자. 줄의 한 부분에 X 표시를 하면 된다. 이는 다음과 같이 나타날 수 있다.

당신은 이 스펙트럼의 어디쯤 있는가? 이 비교 방식이 '나는 지구상에서 가장 못생긴 인간'이라는 자기비하적 믿음을 부수는 데 성공하지 못했다면, 육체적 매력은 당신을 다른 사람들과 비교할 때 사용하는 무수한 잣대 중 하나일 뿐이라는 사실을 기억하자. 예를들어 콰지모도는 존 레전드보다 체스를 훨씬 더 잘 둘 수도 있다.

여기서 더 중요한 것은 매력이란 엄청나게 주관적인 요소라는 사실이다. 잡지가 선정한 '올해의 가장 섹시한 사람'은 기껏해야 정형화된 뷰티 트렌드의 일부일 뿐이다. 자신을 다른 사람과 비교함으

로써 스스로의 가치를 찾는 것만으로도 이미 충분히 나쁘다. 게다가 반짝인다고 해서 모두 금은 아니라는 사실을 우리는 너무 쉽게 잊는다. 광고나 캐스팅 쇼, 그리고 인플루언서 계정의 화려한 매력에 눈이 멀어 세상 모든 사람이 나보다 더 아름답고 강하고 더 나은 삶을 산다고 생각하며 이들이 쳐놓은 환상의 속임수에 빠져든다. 만약 외계인들이 우리의 페이스북 프로필 사진을 본다면, 그들은 아마 대부분의 지구인은 완벽한 육체를 가진 백만장자라고 착각할 것이다.

간단히 말하자면 이렇다. 우리 인간은 위험 확률을 정확하게 평가할 수 없고, 스트레스가 많은 상황에서 차별화된 감정적 방식으로 반응하거나 왜곡되지 않은 사회적 비교를 할 능력이 부족하다. 하지만 벌써 포기하지는 말자. 당신의 설익은 생각이 당신 앞에 쳐놓은 함정에 매일 걸려들 필요는 없다. 자기 앞에 놓인 덫을 잘 알아볼 수 있다면 그 덫에 빠질 확률은 낮아질 것이다. 그리 나쁘지 않은 이야기가 아닌가? 사실 이보다 더 나쁜 상황도 얼마든 있을 수 있으니 말이다.

CHAPTER

이 모든 것이
내 탓인 것만 같다면…

- 자책이라는 올가미 -

**비판하거나 비난하거나 불평하는 것은
어떤 바보라도 할 수 있고,
대다수의 바보들이 그렇게 한다.**

– 벤저민 프랭클린

—— 책임에 대해 어떤 태도를 취하는지 생각해보자. 실패했을 때 자기 잘못부터 돌아보는 편인가, 아니면 다른 사람을 탓하는 편인가? 성공의 경우에 대해서도 떠올려보자. 겸손하게 손사래를 치는 타입인가, 아니면 (자신이 기여했든 아니든) 성공을 자기 공으로 돌리는 타입인가? 우리는 성격이나 자라온 환경, 그간의 경험을 토대로 성패에 대해 저마다 다른 평가를 내리곤 한다.

사회심리학은 '귀인 이론'을 통해 사람들이 자신과 타인의 행동을 어떻게 설명하는지 밝혀내고자 한다. 이에 따르면 우리는 나와 남의 태도를 설명하는 데 여러 차원의 구분 방식을 사용한다.[1] 성패의 원인이 자기 자신(내부)에게 있는지 다른 사람과 상황(외부)에 있는지 구분하며, 또한 그 원인이 고정된 사실(상수)인지 변동 가능한 요인(변수)인지 가늠한다. 정리하자면 다음과 같다.

	내부	외부
상수	능력	고정된 상황·환경
변수	노력	우연(운·불운)

가령 시험에서 떨어졌다면 내 머리가 나쁘거나(내부 상수), 공부를 열심히 하지 않았거나(내부 변수), 운이 나쁘게도 준비하지 않은 부분만 시험에 나왔거나(외부 변수), 시험관이 가학적이라 할 만큼 엄격한 사람(외부 상수)이기 때문이다.

	내부	외부
상수	나는 똑똑하지 않아	그 시험관은 너무 엄격해
변수	공부를 충분히 안 했어	공부한 부분에서 문제가 하나도 나오지 않았어

첫눈에 반한 상대에게 전화번호를 받은 것은 내가 거부할 수 없는 매력이 넘쳐서거나(내부 상수), 의도치 않게 상대의 마음에 쏙 드는 표현으로 말을 걸었거나(내부 변수), 상대가 직설적으로 거절하지 못하는 타입이거나(외부 상수), 너무 피곤해서 일단 나를 떼어내려고 (틀린) 전화번호를 적어주었기(외부 변수) 때문이다.

	내부	외부
상수	나는 매력이 흘러넘치지!	그 사람은 기본적으로 친절한 타입이야
변수	내가 아주 멋지게 말을 건넸어!	그 사람은 그저 너무 피곤했을 뿐이야

　성공과 실패를 설명하는 방식은 자존감에 큰 영향을 미친다. 예를 들어 성공의 이유를 거의 자동적으로 외부 요인으로 돌리고, 또 실패의 원인은 항상 내부에서 찾는다면? 당연히 스스로에게 전혀 이롭지 않다. 이런 태도는 뭔가에 실패했을 때 자신의 부정적 성향과 특징에만 초점을 맞추게 만든다. 또한 성공은 나의 통제 밖에 있는 것이라는 그릇된 이미지를 강화한다. '만약 일이 잘못된다면 그것은 내가 패자라는 증거다. 반면 일이 잘 풀린다면? 내 덕분은 아니다(적어도 내부 상수로 인한 것은 아니다).'

실패

	내부	외부
상수	O	X
변수	X	X

성공

	내부	외부
상수	X	O
변수	O	O

우울증 연구에서는 이런 비관적 태도가 우울함의 발달과 유지에 있어 주요 요인으로 여겨지는 '학습된 무기력'[2]과 관련이 있다고 본다. 즉 삶이 어떤 상황을 몰고 오든, 나는 전혀 통제할 수 없다는 믿음이 뿌리내리고 있다는 것이다. 그리하여 상황을 바꿔보려는 어떤 시도도 하지 않은 채 계속 뒷걸음질만 칠 뿐이다.

이 논리를 따르는 것은 한편으로 어려운 시험을 앞두고 공부를 전혀 하지 않는(또는 공부를 못 했다고 않는 소리를 하는) 일부 학생들의 행동을 이해하게 만든다. 이런 경우 시험에 통과한다면 순전히 내가 똑똑한 덕분이다(내부 상수). 반대로 시험을 망쳤다면 그 원인은 '내부 변수'에서 찾을 수 있다. 내 지능이 낮아서가 아니라, 공부를 제대로 하지 않았기 때문인 것이다. '멍청한 것보다는 게으른 것이 낫다'는 좌우명을 따라서 말이다. 이것이 합리적인 전략인지 아닌지는 두고 보기로 하자. 여하튼 성공은 모두 내가 잘난 덕이고, 실패는 다른 사람이나 날씨 혹은 우주의 탓이라는 논리는 얼핏

성공

	내부	외부
상수	O	X
변수	X	X

실패

	내부	외부
상수	X	O
변수	O	O

스스로를 보호하는 전략처럼 보인다. 하지만 이런 태도로는 과거의 실수에서 배우고 발전하는 일이 불가능하다.

당신이 꽤 오랫동안 일자리를 구하는 중이라고 해보자. 안타깝게도 지원서에 대한 반응은 번번이 좋지 않았다. 이에 당신은 아무리 노력해도 소용없는 참담한 고용 시장을 탓할 수 있다.

	내부	외부
상수	X	고용 시장
변수	X	X

물론 인간적으로 이해할 수 있는 반응이다. 하지만 이는 오히려 무력감을 초래해 더 많은 지원서를 쓰려는 의욕을 떨어뜨릴 수 있다. 앞으로의 구직 활동에 보다 발전적으로 접근하기 위해서는 외부 상수뿐 아니라 내부 상수, 내부 변수, 외부 변수를 종합적으로 분석해볼 필요가 있다.

한편 연인 관계에도 여러 요인이 작용한다. 행복한 커플의 경우 상대의 다정한 태도는 보통 성격적 특성으로 여겨질 가능성이 높다.[3]

긍정적 상호작용

	내부	외부
상수	그(그녀)가 꽃을 선물했어. 너무 사랑스럽고 다정한 사람이야	X
변수	X	X

한편 상대가 불쾌한 행동을 한다면 상황이나 환경이 원인으로 지목된다.

부정적 상호작용

	내부	외부
상수	X	X
변수	X	그(그녀)가 내 말을 들은 척도 안 하는 건, 직장에서 스트레스가 많은 탓이야

불행한 커플의 경우는 정반대의 패턴을 볼 수 있다.

자존감이 낮거나 불행한 커플은 자존감이 높거나 행복한 커플과는 전혀 다른 상호작용 방식을 보인다. 이를 뒤집어 생각하면, 어떤 사건이나 행동의 원인을 다르게 받아들임으로써 자존감을 높이는 것은 물론 다른 사람에 대한 공감과 이해의 폭도 넓힐 수 있

긍정적 상호작용

	내부	외부
상수	X	X
변수	X	그(그녀)가 꽃을 선물한 건 꽃집에서 반값 할인을 했기 때문이야

부정적 상호작용

	내부	외부
상수	그(그녀)가 내 말을 들은 척도 안 하는 건, 이기적인 인간이라서 그래	X
변수	X	X

다. 인지 치료 접근법은 이러한 방식으로 학습된 무기력에 의문을 제기하는데, 이는 우울증 치료에 효과적인 방법이다.

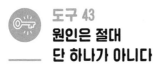

도구 43
원인은 절대 단 하나가 아니다

자존감을 강화하고, 우울증을 예방하며, 자신과 타인의 행동을 보다 폭넓게 이해하기 위해서는 훈련이 필요하다. 이제부터는 성패의 상황을 앞에서 살펴본 귀인 이론의 네 가지 요인을 토대로 분석해보자. 즉 어떤 상황이나 사건의 원인을 단 하나로 단정하지 말고 네 가지 요인을 모두 고려해보는 것이다. 원인이 하나뿐인 경우는 절대 없다.

이런 의미에서 볼 때, 죄책감은 특정 사건과 관련해 우리가 인지하는 책임의 몫에 의해 좌우되곤 한다. 예를 들어보자.

폭우가 쏟아지는 가운데 정류장에서 버스를 기다리던 T는 교통사고를 목격했다. 헬멧을 쓰지 않은 채 자전거를 타던 청년이 빨간 신호등을 무시하고 건널목을 건너다 자동차에 치였고, 운전자는 뺑소니를 친 것이다. T는 머리에 피를 흘리며 누워 있는 청년에게 달려갔다. 다른 행인이 119에 신고하는 동안 T는 조심스럽게 응급처치를 시도했다. 하지만 벌써 10여 년 전에 배웠던지라 제대로 기억이 나지 않았다. 다른 행인은 당황하며 자신은 응급처치를 할 줄 모른다고 했다.

악천후와 교통 체증으로 인해 구급차가 현장에 도착하기까지 오랜 시간이 걸렸고, 피해자가 구급차에 실려간 뒤 T는 강한 죄책감에 시달렸다. 그는 만약 청년이 숨을 거둔다면 그것은 자기 때문이라고 확신했다. 다행히 청년은 생명에 지장이 없었고, 그의 부모는 감사를 표하고자 T에게 연락했다. 하지만 T는 계속 죄책감을 떨칠 수 없었다.

인지 행동 치료의 한 가지 기술은 원그래프를 사용하는 것이다. TV에서 선거 결과를 발표할 때 사용하는 그 원그래프 말이다. (가장 많은 표를 얻은 정당이 가장 큰 케이크 조각을 차지한다.) T의 경우 전적으로 자신에게 책임이 있다고 여기기에 그의 감정이 케이크를 통째로 독차지한다.

100퍼센트 내 잘못

물론 우리는 "그건 네 잘못이 아니야"라고 위로하겠지만 죄책감은 다른 모든 것을 차단하는 힘을 갖고 있다. T는 자기가 잘못했다고 확신하고 있기에 반대되는 주장에 크게 저항할 것이다.

이에 대한 해법은 케이크 조각을 나누는 것이다. 즉 그 상황에 책임이 있는 다른 측면들을 확인해볼 필요가 있다. 예를 들자면 그날 날씨가 나빴고, 청년이 헬멧도 쓰지 않은 상태에서 빨간 신호등을 무시하고 길을 건넜다는 사실 등을 상기할 수 있다. 운전자의 뺑소니, 응급처치를 돕지 못한 다른 행인, 늦게 도착한 구급차 등도 떠올려봐야 한다. 이렇듯 모든 측면을 살펴본 다음 각각의 책임을 비율로 나타내보자.

- **악천후:** 3퍼센트
- **헬멧을 쓰지 않은 청년:** 30퍼센트
- **빨간 신호등을 무시하고 길을 건넜던 청년:** 40퍼센트
- **운전자의 뺑소니:** 20퍼센트
- **응급처치를 할 줄 몰랐던 다른 행인:** 2퍼센트
- **늦게 도착한 구급차:** 4퍼센트
- **응급처치 과정을 재수강하지 않은 T의 잘못:** 1퍼센트

직감에만 의존해서는 정확한 분포를 얻기 힘들다. 따라서 적절한 그림이 완성될 때까지 각 책임의 비율을 계속 조정해야 한다. 예를 들어 시각적으로 표현하면 다음의 그래프와 같다.

물론 T는 이러한 분석에 동의하지 않으며, 여전히 자기 책임이 크다고 생각할 수 있다. 하지만 설사 그가 자신에게 80퍼센트의 책임이 있다고 여기더라도, 100퍼센트 자기 탓이라고 믿을 때보다는 훨씬 나을 것이다.

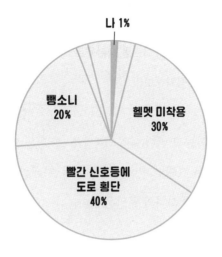

나 1%

뺑소니
20%

헬멧 미착용
30%

빨간 신호등에
도로 횡단
40%

도구 44
비난의 화살이
나를 향할 때

만약 강한 죄책감이나 과도한 책임감으로 자주 고통받는다면 원
그래프를 활용해보자.

1. 죄책감의 바탕이 되는 생각이 무엇인지 확인하라. (예: '그건 내 잘
   못이야.')
2. 이 생각의 강도를 백분율로 평가하라.
3. 이 사건의 결과에 책임이 있을 수 있는, 다른 모든 원인을 나열해

보라.

4. 목록이 완성되면 원그래프를 백분율로 나누어보라.

5. 원래 생각을 재평가해보라.

자신을 향한 본능적 비난(특히 죄책감의 케이크를 통째로 자기 접시에 담으려 할 때)을 그대로 받아들이지 마라. 자세히 들여다보면 모든 책임을 짊어질 단 하나의 원인은 없다.

CHAPTER

쓸데없는 생각은
정말 쓸데가 없다

- 잡생각 버리기 -

더 이상 할 수 없는 일 앞에서는
마땅히 고민을 멈추어야 한다.

– 요한 볼프강 폰 괴테

—— 혹시 오늘 분홍색 코끼리에 대해 생각해본 적이 있는가? 없다고? 나도 마찬가지다. 그렇다면 작은 실험을 하나 해보자. 10초 동안 원하는 것은 무엇이든 떠올려보자. 단, **분홍 코끼리만 빼고!** 준비되었는가? 자, 시작해보자. 정말 진지하게 말이다!

만약 당신이 나와 같다면 '분홍 코끼리는 절대 생각하면 안 돼!'라고 다짐한 순간 분홍 코끼리로 가득 찬 방을 봤을 것이다. 대체 왜 그런 걸까? 우리는 분홍 코끼리에 대해 지금껏 단 한 번도 생각해본 적 없음에도, 의식적으로 그 생각을 금지하자 다른 것은 전혀 떠올릴 수 없게 되어버렸다. 이런 '사고 억제 현상'은 우리의 사고 체계가 얼마나 역설적인지를 보여준다. 만약 컴퓨터에 A 프로그램을 입력하면, B 프로그램은 전혀 생각하지 않고 바로 A를 실행할 것이다. 하지만 우리 인간은 뭔가를 이미 떠올린 다음에는 그것에 대한 생각을 멈추기 어렵다. 참 혼란스러운 일이다.

어쩌면 당신은 10초간 분홍 코끼리를 생각하지 않는 데 성공한 몇 안 되는 사람 중 하나일지도 모른다. 집중력, 그리고 다른 곳에 생각을 돌리는 방법을 통해 잠시 어떤 생각을 차단하는 일이 가능하긴 하다. 하지만 장기적으로는 불가능하다. 무엇보다 특정 생각의 차단을 위한 노력은 엄청난 양의 에너지를 앗아간다. 가령 푸른 코끼리를 떠올림으로써 분홍 코끼리를 잊는 것이 당신의 전략이었다면, 일상적인 일과 업무를 어떻게 동시에 수행할지 생각해보라. 정말 피곤하지 않겠는가?

수용 전념 치료ACT에서는 비치볼의 은유를 사용한다. 아름다운 여름날 해변에서 쉬고 있는데, 어떤 이유로든 당신을 정말 짜증나게 하는 비치볼이 옆에 있다고 생각해보라. 당신은 그 공을 더는 보고 싶지 않다. 그래서 물에 들어가 바닷속으로 공을 밀어넣는다. 하지만 비치볼 안의 공기와 부력 때문에 뜻대로 되지 않는다. 공을 물속으로 담그려 할 때마다, 계속 손에서 미끄러진 공이 수면 위로 떠오를 것이다. 깊이 밀어넣을수록 공은 더 강하게 튀어오르며, 심지어 당신의 얼굴을 칠 수도 있다. 갖은 애를 쓴 결과, 잠시 손으로 밀어 공을 물속에 담그는 데 성공할지도 모른다. 하지만 바닷가에서 편히 즐기기는 어려운 상황이 되고 만다. 수영을 할 수도, 아이스크림을 먹을 수도 없고, 해변에서 누릴 수 있는 다른 어떤 활동도 할 수 없다.

이 같은 전략이 실패할 수밖에 없다는 것은 누구나 쉽게 알 수 있다. 그런데 문제는 우리가 일상에서 종종 이런 방법을 사용한다는 데 있다. 예컨대 우연히 들은 후 뇌리에 박혀버린, 끔찍하게 싫은 저스틴 비버의 노래를 잊으려고 아무리 애쓴들 그 노래는 점점 더 잠재의식을 파고들 뿐이다. 미래에 대한 걱정, 과거에 대한 후회, 씁쓸하고 억울한 일도 마찬가지다. 부정적인 생각들은 억제하려고 노력하면 할수록 오히려 머릿속에 더 깊고 단단하게 뿌리를 내린다. 즉 불쾌한 일들에 대해 생각하는 것을 멈추려고 노력하면 그 생각들은 더욱더 세차게 떠오른다. 그러므로 단순히 그것에 대해 생각하지 않는 일은 좋은 선택이 아니다. 오히려 상황을 더 악화시킬 수도 있기 때문이다. 그렇다면 전문용어로 '침투적 사고'라고 불리는, 거슬리는 생각들을 처리하려면 어떻게 해야 할까?

먼저 애초에 우리가 왜 고민하는지를 이해하는 것이 도움될 수 있다. 자신을 괴롭히고 싶은 마조히즘적 충동에 사로잡혀서 그런 것은 분명 아닐 테다. 우리의 무의식은 이런저런 고민을 통해 마음속에 찜찜하게 남아 있는 뭔가에 대해 경고함과 동시에 혹시 위험을 간과하지는 않았는지, 가능한 모든 해결책을 고려했는지를 확인하려 한다. 나름 말이 되지 않는가?

다만 우리의 고민은 대개 체계적이지 않으며, 회전목마처럼 원을 그리며 맴돌곤 하기에 문제가 되는 것이다. 이것들은 종종 막연한 비극의 시나리오에서 출발해, 도무지 감당할 수 없을 지경이 되어서 생각을 멈출 때까지 다른 시나리오로 계속 뻗어간다.

도구 45
지금 당장,
회전목마에서 뛰어내리자

심리 치료에는 침투적 사고를 줄이기 위한 세 가지 전략이 있다. 생각 정지와 수용, 그리고 직면이 그것이다.

 '생각 정지'는 원치 않는 고민을 단호한 말이나 몸짓 또는 강한 자극으로 중단케 하는 행동 치료 방법이다. 예를 들어 고민에 빠져 허우적댈 때 "멈춰"라고 크고 단호하게 외치거나, 숨이 찰 때까지 계속 그 말을 반복하는 식이다. 아니면 눈앞에 커다란 정지 표지판이 있다고 상상해도 된다. 이는 내면의 회복력을 강화하기 위한 시도이며 '고민의 늪에서 탈출하겠다'는 의지를 무의식에 전달하는 신호이기도 하다.

 몸짓의 경우 테이블을 주먹으로 쾅 내리치거나(다치지 않도록 조심해서), 발을 구르거나, 자리에서 일어나 두 발을 벌리고 선 채 발바닥이 지면과 접촉하는 감각을 느껴보는 방법이 있다. 또 자신에게 강한 자극을 가할 수도 있는데, 손뼉을 세게 치거나 얼음을 움켜쥐거나 손목에 두른 고무줄을 튕기거나 차가운 물로 세수하거나 매운 고추를 먹는 식이다.

만약 지금 당신이 의심에 찬 눈초리로 눈썹을 추켜세우거나 이 모든 것이 어처구니없다고 여긴다면, 당신의 생각도 100퍼센트 옳다.

의식적으로 무언가(예를 들어, 코로 저스틴 비버의 노래를 연주하는 분홍 코끼리)에 대해 생각하지 않는 것은 '사고 억제'의 역설로 인해 오랫동안 지속하기 어렵다. 어찌어찌 생각을 멈추더라도 파괴적인 생각을 무한정 억누를 수는 없다. 하지만 이 기술은 짧은 순간이나마 당신의 사고 회로를 끊을 수 있다.

소파 틈새에서 찾은 동전들을 세고 있다고 상상해보자. 1유로 12센트, 1유로 17센트, 1유로…. 그런데 갑자기 쾅 하는 소리가 난다. 당신은 무의식적으로 움찔하며 소음의 진원지를 찾는다. 창밖을 내다본 뒤 이웃이 시동을 걸고 있는 고물 차가 소음의 원인임을 파악한 당신은 다시 동전 더미로 돌아온다.

그런데 어디까지 셌더라? 쾅 소리가 모든 것을 망쳐버렸다. 그 이유는 우리의 선천적 반사 반응 때문이다. '놀람 반사'란 특정 강도의 자극에 대한 정신적·신체적 반응으로, 자율신경계의 활성화를 유발한다. 그리고 그다음에는 '방향성 반응'이 따른다. 이는 '무슨 일이 일어나고 있는지'에 대한 자동 반사라고 할 수 있는데, 새로운 자극에 자동으로 주의를 기울이는 현상을 뜻한다. 놀람 반사와 방향성 반응은 둘 다 새롭게 등장한 위협적 자극에 모든 감각이 집중하도록 잠시 우리의 생각을 중단시킨다.

이처럼 생각 정지 기술은 '생각의 회전목마'에서 우리가 잠시라도 내려올 수 있도록 '사건'을 활용한다. 물론 걱정과 고민거리는 그리 쉽게 사라지지 않으며 언제든 다시 돌아올 수 있다. 하지만 진심으로 "그만!"이라고 소리지르거나 단호하게 손뼉을 치는 것으로 사고 회로를 방해함으로써, 밖에서 회전목마를 바라볼 수 있는 짧은 시간의 창이 열린다.

에이드리언 웰스에 따르면, 메타 인지 요법은 '생각 자체에 관한 생각'에 비판적 질문을 던지는 것을 바탕으로 하고 있다. 고민이 건설적인 해결책으로 이어지는 경우는 거의 없으므로 '나의 고민은 중요하다'라는 생각은 쉽게 뒤집힐 수 있는 것이다. 그러니 생각 정지를 통해 고민의 회전목마를 멈추는 데 성공했다면 스스로에게 물어보자.

한 시간 동안 앉아서 곰곰이 생각한다고, 해결에 대한 획기적인 계시를 받는 일이 과연 가능할까?

그럴 확률이 높다고 생각한다면 주저 말고 실행하라, 반드시! 하지만 상식적으로나 경험적으로나 오랜 고민에도 불구하고 여전히 막막한 상태일 거라는 느낌이 든다면, 생각 정지의 기술을 써보길 바란다. 이는 의식적으로 자신을 추스르는 동시에, 헛된 생각에 쏟던 에너지를 더 현명하게 쓰겠다는 결심을 잠재의식에 전하는 방법이다. 그러니 곧바로 건설적인 행동에 돌입해보자(조깅을 시작하거나 다락방을 청소하거나).

그럼에도 불구하고 또다시 침투적 사고가 떠오른다면 다시 생각을 멈추는 기술을 사용하면 된다. 정지신호를 되풀이하다보면, 방향을 쉽고 편하게 조정할 수 있는 '조건화 프로세스'가 형성된다. 행동 치료에서는 환자가 파괴적인 생각이 떠올랐다고 수신호를 보내면, 치료사가 정지신호를 주는 방식으로 이 기술을 사용한다. 그렇다, 치료사가 환자에게 "멈추세요!"라고 소리치는 것이다. (물론 이는 환자의 동의와 굳건한 신뢰 관계가 있을 때만 이루어진다.) 이상하게 들릴지 모르지만 이런 기술은 고민을 줄이는 데 효과적이라는 사실이 입증되었다. 혼자서도 생각을 멈추는 훈련을 한다면 역시 같은 효과를 얻을 수 있다.

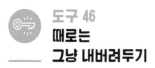

도구 46
때로는 ____ 그냥 내버려두기

ACT는 잡념을 다루는 데 있어서 완전히 다른 방법을 제안한다. 억

누르려고 노력할수록 분홍 코끼리에 관한 생각이 더욱 거세게 머릿속을 밀고 들어온다면, 그냥 받아들이는 편이 낫다는 것이다. 내 운명에 체념해서가 아니다(저스틴 비버에게 항복하다니, 얼마나 힘든 일이겠는가). 순순히 받아들임으로써 오히려 생각에서 벗어날 확률을 높일 수 있다는 사실을 알기 때문이다.

비치볼을 물 아래에서 놓아버리면 바로 물 위로 떠오를 것이다. 어쩔 수 없이 계속 눈에 보이겠지만, 그냥 내버려두자. 그러면 파도가 비치볼을 자연스레 밀어낼 테니 말이다. 그리하여 당신은 바닷가의 아름다운 풍경으로 눈을 돌릴 수 있게 된다. 그럼 어느 순간 공이 내 시야에서 완전히 사라질 수도 있다.

ACT 치료법의 창시자 스티븐 헤이스는 '강물 위에 나뭇잎 띄우기' 상상법을 제안한다.[2] 지금 당신을 괴롭히는 우울한 생각이 있는가? 만약 당장은 아무것도 생각나지 않는다면 분홍 코끼리의 사진을 사용해도 좋다.

먼저 편안한 자세를 취하라. 눈은 감아도 되고 떠도 된다. 대신 마음의 눈으로 강물을 바라보자. 강물이 흐르는 숲의 모습을 가능한 선명하게 머릿속에 그려보라. 당신이 보고 듣고 냄새를 맡고 느낄 수 있는 모든 것에 주의를 기울여보라. 느긋한 마음으로 앉을 자리를 찾는 자신을 상상해보자. 물가에 늘어선 나무에서 나뭇잎

들이 우수수 떨어져 물 위로 내려앉는 모습도 그려보라. 그리고 나뭇잎들이 천천히 당신 앞을 지나 떠내려간다고 상상해보라.

만약 불편한 생각이 떠오른다면 잠시 그 속에 머무르다가, 두 손가락으로 이마에서 생각들을 뜯어내 눈앞의 나뭇잎 위에 놓는다고 상상해보자. 잎에 생각을 적거나 그림을 그리는 상상을 해도 좋다.

이제 생각을 실은 잎이 흘러가는 모습을 바라보라. 굳이 잎을 따라갈 필요는 없다. 어쩌면 잎을 없앨 필요도 없을 것이다. 어느 순간 나뭇잎이 곡선을 그리며 사라질 수도 있으니 말이다. 그러다 다시 잎이 눈앞에 나타난다면? 똑같은 과정을 되풀이하면 된다. 나뭇잎 위 생각을 바꿀 필요는 없다. 잎이 흘러가는 속도를 바꿀 이유도 없다. 그저 잎에 실린 생각이 둥실둥실 흘러가는 모습을 지켜보기만 하라. 생각이 흐트러지거나 나뭇잎에 담은 생각을 끝까지 쫓아가는 자신을 발견한다면, 그냥 두자. 호들갑 떨 것 없이 다시 물가로 돌아가면 된다. 그리고 다시 한번 생각을 잎에 실은 다음, 물 위에 띄워 흘려보내도록 하라.

앞으로도 고민에 휩싸인 자신을 발견한다면 의식적으로 강물을 머릿속에 그려보자. 상상의 반복을 통해 이 훈련은 더 효과가 커지고, 그럼 당신은 훨씬 더 쉽게 고민으로부터 해방될 수 있을 것이다.

도구 47
고민을 해서, 고민이 없어지면, 고민이 없겠죠?

생각 정지와 수용 외에 또 하나의 방법은 행동 치료에서의 직면(노출 요법)이다. 이는 두려움을 유발하는 상황(즉 고민거리로 뒤숭숭해지는 상황)을 일부러 촉발하여, 긴장이 가라앉고 더는 두렵지 않을 때까지 오랫동안 자주 고민거리를 자신에게 노출시키는 전략이다. (두려움을 극복하는 노출 치료 방법은 18장을 참조하라.)

고민 속에서 계속 두려움에 떠는 상황은 회전목마를 생각하면 간단히 이해될 것이다. 머릿속을 맴도는 고민은 대개 무의식적인 회피 전략일 수 있다. '커지는 재난 시나리오'와 '아무것도 생각하지 않겠다는 결심' 사이를 끊임없이 오가는 동안, 당신은 객관적인 현실과의 직면으로부터 도망치는 것이다. 곰곰이 고민하는 것은 단기적으로 불편한 상황을 피하는 데는 도움되지만, 장기적으로는 자신을 지치게 만들 수 있다.

고민을 표면으로 드러내는 것은 그와는 정반대의 의미다. 당신은 자신의 걱정거리를 알아채고, 그것을 피하지 않고 맞닥뜨린다. 행동 치료의 과정에서 이는 치료사와 함께 진행하거나 본인이 혼자 해야 할 숙제로 제안된다. 이것은 구체적이고 체계적으로 계획될수록 성공의 가능성이 커진다. 만약 성가신 고민을 없애고 싶다면 다음의 방법을 시도해보라.

- 방해받지 않을 것이 확실한 시간에 자신과의 약속을 잡는다.
- 언제 시작할 것인지뿐 아니라 고민을 드러낼 시간도 계획하라. 가령 지금부터 15분 동안 진행해보자. 시간이 충분하지 않다면 다음번에는 더 늘려도 된다.
- 알람 기능 등을 이용해 제시간에 시작하고 제시간에 멈춘다. 가장 중요한 것은 정해진 시간 전에 멈추지 않는 것이다. 역설적으로 들리지 않는가? 더 이상 고민의 압박감을 느끼지 않더라도 계속 고민을 거듭해야 한다. 10분만 지나도 벌써 지루함을 느낄 수 있다. 좋다! 어쩌면 너무 고민을 많이 한 나머지, 드디어 고민거리에 흥미를 잃어버렸을 수도 있다. 이는 아이스크림 케이크와 비슷하다. 지난번 넷플릭스를 보면서 패밀리 사이즈를 먹어 치우기 전까지, 케이크에 대한 생각을 떨치지 못하지 않았는가?
- 일상적인 활동을 하지 않는 장소에서 연습하는 것이 좋다. 다시 말해 잠을 자거나 먹거나 휴식을 취하는 곳은 피하라. 방 한구석의 의자도 좋고 다용도실 같은 곳도 좋다.
- 여기서 필요한 것은 오로지 기록을 위한 도구다. 이 연습 동안 떠오르는 모든 고민거리를 거르지 말고 적어본다. 이미 적어놓은 것을 계속 생각하면서 같은 자리를 맴돌고 있다면, 그래도 계속 고

민해보라. 잊어버린 것은 없는지 자세히 살펴보라.

- 고민거리가 유난히 많은 사람이라면 정기적인 명상도 좋다. 당신의 잠재의식이 매주 토요일 오전 11시에 30분간의 명상을 규칙적으로 한다고 받아들이면, 나머지 시간 동안에는 더욱 자신 있게 고민에 대처할 수 있다. 정해진 시간에 삶의 어려움을 깊이 다루리라는 사실을 알고 있기 때문이다.
- 정해진 날짜가 되기 전에 고민거리가 당신을 힘들게 한다면, 일기를 쓰는 등의 방식으로 곧 고민을 다룰 시간이 오리라고 선언할 수 있다. 고민의 회전목마가 잠자리까지 따라올 것에 대비해 침대 옆 협탁에 메모지를 놓아두는 것도 방법이다.

결론적으로 우리는 생각을 멈춤으로써 고민을 방해하거나, 그것을 그대로 받아들여서 지나갈 때까지 바라볼 수 있다. 아니면 일주일에 한 번은 아무도 없는 공간에서 헤드폰을 끼고 앉아, 온몸이 꽁꽁 얼어붙을 때까지 저스틴 비버의 노래를 30분이나 듣는 것도 가능하다. (그만해!)

CHAPTER

나는 '원래' 이런 사람이라고?

- '생각'과 '사실'을 분리하기 -

파란 약을 삼키면 모든 것이 끝날 거야.
너는 침대에서 일어나서, 믿고 싶은 것을 믿으면 돼.
빨간 약을 삼키면 이상한 나라에 머물게 될 거야.
그러면 내가 널 토끼 굴 아래로 데려다주겠어.

– 〈매트릭스〉의 모피어스

—— '이 멍청이!'

엎지른 커피로 인해 세금 신고서가 젖어가는 모습을 보면서 나는 생각한다. 거의 자동적으로 머릿속에 떠오른 생각이다. 그런데 어찌된 일인지, 그 생각이 너무 압도적이라 다른 생각은 비집고 들어올 틈이 없다. 생각은 곧 확신으로 바뀐다.

'나는 너무 한심한 인간이야!'

일상생활에서 이런 자기비판은 의도치 않게 불쑥불쑥 튀어나오므로, 그 생각에 의문을 품기는커녕 그런 생각이 머릿속을 지배했다는 사실조차 알아채기 어렵다. 왜곡된 자아상을 확인시켜주는 일을 겪으며 우리는 자기 이마에 낙인을 새긴다. '겁쟁이', '모순 덩어리', '패배자', '피해자', '나쁜 엄마', '괴물' 등등. 그리고 스스로 이렇게 결론을 내린다.

'그래, 나는 이 정도밖에 안 되는 인간이야!'

그런데 이런 꼬리표는 대체 어디서 오는 걸까? 태어날 때부터 정해져 있나? 어설프고 한심한 아이는 '바보'라는 꼬리표를 달고 나오는 걸까? 아니면 이런 낙인은 이후의 성장 과정에서 생기는 걸까? 어쩌면 나는 어린 시절에 이미 '서투른 아이'라는 꼬리표를 받았는지도 모른다. 혹시 부모님이나 유치원 선생님, 또는 축구 코치님이 내게 한 말 때문이었을까? "조심해, 이 어설픈 녀석아!"

비록 그 기원을 찾을 수는 없다고 하더라도, 현재 나에게 낙인을 찍는 사람이 바로 나 자신이라는 사실을 깨닫는 일이 중요하다. 나를 규정하는 단어가 나의 자아상과 너무 깊게 결합되어서 둘을 분리하기가 불가능한지도 모른다. 하지만 그럼에도 중요한 질문이 있다.

'내가 정말로 그렇게 한심한 사람일까? 나는 정말로 그 정도에 불과한 사람인 걸까?'

만약 스스로 부정적 낙인을 자기 이마에 새기고 있을지도 모른다고 생각했다면, 한번 자세히 살펴보라. 당신이 자기 자신에 대해서 하는 말들은 정확히 어떤 의미를 지니고 있는가? 단어의 정의를 생각해보자. 예를 들어 사전은 '서투른'을 '매우 적응력이 떨어지는'이라고 풀이한다. 간혹 컵을 엎지른다고 해서 내가 정말 '매우 적응력이 떨어지는' 사람일까? 하지만 나는 컴퓨터도 잘 다루고 이케아 옷장도 능숙하게 조립한다. 이런 능력들은 나에 대한 정의와 모순되지 않는가? 비교 집단과 견주었을 때 내가 평균 이하로 서투른 사람일까?

대답하기 힘든가? 내가 하려는 말도 바로 그것이다. 당신이 스스로 새긴 낙인은 실로 복잡한 평가가 단순한 진술로 축소된 것임을 알려주려 한다. 그러니 어떤 순간 자동적으로 뇌리를 스치는 모든 생각을 절대적 진리로 받아들이지 마라. 자신 또는 다른 누군가가 당신에게 특정 낙인을 찍어왔다고 해서 그것이 반드시 맞는 것은 아니다!

우리가 처한 상황이나 미래에 대한 평가도 낙인의 형태로 나타나곤 한다. 예를 들어 '재앙'이나 이와 비슷한 단어를 일상적으로 사용하는가? 가령 이런 식으로 말이다. "마지막 버스를 놓친다면 그야말로 재앙이야!" 아니면 파티 다음 날 아침, 수북이 쌓여 있는 더러운 접시들을 보면서 머리에 손을 얹고 "맙소사, 신이시여!"라고 외치는 타입인가(사실 누군들 그렇게 말하지 않겠는가)?

만약 당신이 상황을 판단하거나 묘사할 때 다소 과장되고 극적인 표현을 곧잘 사용한다면 한번 고민해보라. 예를 들어 구글을 열고 '재앙'을 검색한 후 나오는 이미지들을 살펴보자. 물론 당신은 '버스를 놓치는 것'이 자연재해나 전쟁, 세계 종말과는 다른 일임을 잘 알고 있다. 그런데도 당신이 어떤 상황에서 '재앙'이라는 단어를 쓸 때마다, 자연재해나 전쟁 같은 것들의 이미지가 활성화된다. 또한 당신이 신을 믿든 아니든 머리를 두 손으로 감싸며 "맙소사, 신이시여!"라고 외치는 것은 접시에 담배꽁초가 담겨 있는 상황보다는 세계 종말을 앞두고 마지막 탄원의 몸짓으로 더 잘 어울리지 않을까?

우리가 경험과 상황을 묘사하기 위해 선택한 단어들은 다시 우리의 경험에 영향을 미친다. 이를 이해하기 위해서는 먼저 자기 생각을 알아채고 이와 어느 정도 거리를 둘 수 있어야 한다.

바로 코앞에 있는 그림을 바라본다고 상상해보라. 너무 가까워서 그림이 당신의 시야를 모두 채울 것이다. 그렇게 되면 모든 것이 흐릿하고 불투명하게 보인다. 한 걸음 뒤로 물러서야만 비로소 그림을 제대로 인식할 수 있다. 현실을 반영한 작품으로 바라보고 평가할 수 있다. 어쩌면 그 작품이 전혀 마음에 들지 않을 수도 있다. 아니면 당신은 예술에 무관심한 사람일 수도 있다. 하지만 우선 이해해야 할 것은, 당신이 서 있는 곳은 그림 속이 아니라 박물관 안이라는 사실이다.

수용 전념 치료에서는 개인의 생각과 평가가 우리의 자아상, 그리고 일상적 경험과 합쳐질 때의 '인지적 융합'을 다룬다.[1] '나는 뭘 해도 서툴러' 또는 '이건 재앙이야'와 같은 생각이 단지 주관적 생각이 아니라 절대적 현실로 인식되는 것이다. 그러한 정신적 왜곡을 완화하는 매우 효과적인 기술이 이른바 '인지적 탈융합'이다. 이 방법은 생각과 현실을 다시 분리해내는 것을 목표로 한다. 생각 으로부터 거리를 되찾은 다음, 그에 질문을 던지는 여러 가지 방법 이 있다.

혹시 지금 당신의 삶을 힘들게 하는 생각의 낙인이 있는가? 그렇 다면 다음 전략을 시도해보라. 어쩌면 좀 우스꽝스럽고 괴상하게 혹은 으스스하게 들릴 수도 있겠지만, 나를 믿어보기 바란다. 모두 실제로 매우 효과적인 것으로 입증된 기술이다.

도구 48
"그냥 그런 생각이 들었는데…"라는 말

당신의 생각을 재구성해보자. 어떤 생각이 들 때 그 앞에 '그냥 그 런 생각이 들었다'라는 짧은 문장을 덧붙이는 것이다. '나는 서투 른 사람이야'와 '그냥 그런 생각이 들었는데… 나는 서투른 사람인 것 같아'라는 문장 사이의, 미세하지만 중요한 차이점에 주목하라. 하늘을 가로질러 움직이는 구름을 상상해보자. 나는 '구름'이 아니 라 '하늘'이라고 스스로에게 말해보자.

도구 49
생각은 그저 생각일 뿐이야,
사실이 아니라고!

당신의 생각을 종이에 써보자. 눈앞에 '무엇'이 보이는가? 이 질문에 대한 대답은 '서투른 사람'이나 '재앙'이 아니라 '문장', '단어' 또는 '종이 위 글씨'일 가능성이 크다. 종이에 적어놓은 내용을 종종 확인해보자. 몸에 지니고 다니면서 그 생각들(정확히는 글씨들)이 점점 사라지는(흐려지는) 것을 지켜보는 것도 좋다. 결국 생각은 단지 생각일 뿐이다.

도구 50
생각의 바람을
빼볼까?

풍선에 생각을 쓴 뒤 불어보자. 풍선에 적은 문장이 알아볼 수 없을 때까지 부푸는 모습을 지켜보자. 그런 다음 풍선을 얼굴 앞에 놓고 공기를 빼보자. 그렇다. 당신의 생각은 풍선에서 빠져나오는 축축한 공기에 불과하다.

　이번에는 풍선을 분 다음 공기가 서서히 빠져나가도록 살짝 틈을 만들어 잡고 있어보자. 당신의 생각이 힁 빠져나오는 소리가 들리는가? 이제 풍선을 손에서 놓아보라. 풍선(당신의 생각들)이 방 안을 휙휙 가로지르다 벽에 부딪혀 떨어지는 모습을 지켜보라.

도구 51
휴지통에 종이를 구겨
﹘﹘ 버리듯이

다시 당신의 생각을 종이에 적어보자. 단 이번에는 종이로 비행기 나 배를 접은 후 다리 위에서 날리거나 강물 위에 띄워보자. 아니면 종이를 구겨, 사무실이나 집의 휴지통으로 농구공처럼 던져보라.

도구 52
쓸데없는 생각과의
﹘﹘ 작별 의식

당신의 생각을 떠나보내는 작별 의식을 치러보라. 종이에 생각을 적어 정원에서 태우거나 땅에 묻어보라. 아니면 풍등에 적어 하늘 로 날려보내도 된다.

도구 53
내 생각을
——— 품평해볼까?

재능이나 창의성과는 상관없이 당신의 생각을 그림으로 그려보
라. 추상화든 사실화든 관계없다. 당신의 예술적 감성을 발휘해, 막
대기 모양이나 엎질러진 커피잔 등을 그려도 좋다. 이제 비평가의
눈으로 당신의 그림을 바라보라. 내용이 아닌 형식을 비평해보라.

도구 54
때론 나를 희화하는 것도
——— 도움이 돼

당신의 생각을 캐리커처 형태로 상상해보라. 예를 들어 자신이 서
투른 사람이라고 느낀다면 매우 과장된 이미지를 떠올려보자. 〈로
리오의 스케치〉(독일의 대중 코미디 분야를 대표하는 희극배우이자 작
가인 로리오의 코미디-옮긴이) 중 비뚤어진 그림에 대해 아는가? 모
른다면 유튜브에 있으니 한번 찾아보길 바란다. 어떤가? 재미있지
않은가? 그렇다. 이 코미디에서 로리오는 끔찍하게 서투른 남자의
모습을 연기한다. 당신의 왜곡된 생각이 무엇이든, 그보다 훨씬 과
장된 모습을 그려보고 자신을 한번 비웃어보라!

도구 55
다른 사람이
되어보는 일

당신의 생각을 다른 어조와 목소리로 말해보라. 자유로운 목소리
와 억양으로 생각을 표현해보라. 변덕스럽고 우스꽝스러울수록
더 좋다. (미키 마우스나 도널드 덕 또는 다스 베이더의 목소리로!)

도구 56
고민을
아주 천천히 말해봐

거울 앞에 서서 당신의 생각을 아주 천천히 말해보라 "나아는 너어
어무 서어어투우우우르으으은 사아아라아아암이이이야아아아!"

도구 57
이번엔
아주 빠르게!

생각을 큰 소리로, 적어도 1분 동안, 리듬을 빠르게 하면서, 반복해
서 말해보라. 혀가 꼬부라지고 실수를 하더라도 계속한다. "재앙재

앙재앙재앙재앙재앙···."

도구 58
더블베이스를 연주하는
세 명의 중국인처럼!

〈더블베이스를 연주하는 세 명의 중국인〉(독일 동요. 이 노래는 후렴
구가 모음만 살짝 바뀌면서 계속 반복된다-옮긴이)이라는 노래를 아
는가. 당신의 생각 속 모든 모음을 여러 번 반복해서 발음해보라.
"나아아는 시구웅차앙에 빠져어었어어." "이이거슨 재애아앙이이
야아."

도구 59
생각이 노래가 될 때

당신의 생각을 노래로 표현해보라. 잘 아는 동요나 〈인디아나 존
스〉의 주제곡, 크리스마스캐럴이나 베토벤 〈교향곡 5번〉 혹은
AC-DC의 〈지옥으로 가는 고속도로〉 등을 따라 불러보라.

도구 60
마음에 이름
──── 붙이기

당신의 마음이 독자적인 존재 혹은 사람이라고 상상하고 은쟁반 위에 그 생각을 올려놓아보자. 마음에 이름을 붙이거나 제목을 달아보라. 예를 들어 그것을 '울프'라고 불러보자. 그리고 울프와 상황을 정리하는 대화를 나눈다고 상상해보라. 비판적인 대화("울프, 들어봐, 제발 좀 그만해!")일 수도 농담 식의 대화("대재앙이라고, 울프? 진심이야? 혹시 약간 과장하고 있는 건 아니야?")일 수도 있다.

분리 기술은 모든 요소를 하나씩 따로 떼어놓는 방향으로 향한다. 자신에게 공격적인 생각들을 고립시키거나, 거리를 두거나, 외부화하거나, 왜곡하거나, 희화화할수록 생각이 단순히 생각에 불과하다는 것을 깨닫게 된다. 그럼 생각의 장악력은 힘을 잃게 된다. 중요한 것은 힘을 가지고 있는 쪽은 체스 말이 아니라 체스 선수라는 사실이다.

앞으로 일상생활에서 종종 마주치는 인지적 왜곡을 바로 볼 수 있어야 한다. 르네 데카르트의 지혜로운 원리 '나는 생각한다. 고로 나는 존재한다'를 변형해보자. '나는 생각하는 존재가 아니며, 기껏해야 내가 어떤 존재인지 생각할 뿐이다.'

어떤가, 아직도 머릿속이 어지러운가?

아니면 단지 그렇게 생각하는 것뿐인가?

PART

(4)

행복의 도구

CHAPTER

13

나를 기쁘게 하는 것들,
슬프게 하는 것들

- 행복의 조건 -

좋은 일이 있으면
그것을 지켜야 해요.

– 《삐삐 롱스타킹》

───── 당신에게 '좋은 것'이란 무엇인가? 휴식을 취하기에 가장 좋은 시간은 언제인가? 어떤 활동을 즐기는가? 어려운 상황에서 도움되는 것은 무엇인가? 에너지 충전은 어떻게 하는가? 간단히 말해 당신의 에너지원은 무엇인가? 한참 생각해보아야 할 수도 있지만, 어쩌면 금방 떠오를 수도 있다.

- 풀밭에 누워 구름 바라보기!
- 와인 한 병을 딴 채 베르타 할머니의 라자냐 레시피로 느긋하게 요리하기!
- 좋은 친구들과 얼간이 같은 짓을 하는 것!
- 사랑하는 고물 차를 타고 드라이브하기!
- 사랑하는 이와 함께하는 건강한 주말!
- 가장 좋아하는 파워메탈 앨범을 들으며 헤드뱅잉을 하면서 집 근

처를 돌아다니기!

자신에게 좋은 것이 무엇인지 정도는 알고 있을 것이다(당신에게 좋은 것은 다른 사람의 그것과는 완전히 다를 수도 있다). 하지만 자신이 가진 에너지원에 대해 훑어보려 노력해본 적이 있는가? 더 중요한 질문은 이것이다. 내 에너지원의 잠재력을 최대한 활용하고 있는가?

삶은 끊임없이 도전 과제를 던지며 우리를 어렵게 만든다. 직장에서의 스트레스나 아픈 몸, 복잡한 인간관계는 에너지를 빠르게 고갈시킨다. 갑자기 삶이 무겁게 여겨지고, 나를 한없이 땅으로 끌어내리는 무거운 추가 목에 걸려 있는 듯하다. 그러한 상황에서는 나에게 균형점을 찾을 힘이 있다는 사실을 잊기 쉽다. 그 힘이란 어려운 상황의 스트레스를 헤쳐나가기 위해 활성화할 수 있는 에너지원, 아니면 그런 상황을 예방하기 위해 자신을 강화할 수 있는 자원이다. 저울을 상상해보자. 스트레스로 가득 찬 저울의 다른 한쪽에 에너지원을 올려놓는다면 저울의 균형을 유지할 수 있다.

사실 끔찍하리만큼 단순하고 심심한 비교다. 하지만 말처럼 그리 쉬운 일은 아니지 않은가? 자기 에너지원의 손실이나 과소평가가 우울증의 발발과 확장에 중요한 요인이라는 사실을 우리는 알고 있다. 심리학자 피터 M. 르윈슨[1]이 개발한 '증폭기 손실 모델'은

스트레스 요인   에너지원

기분과 자원 활성화가 밀접하게 연관되어 있다고 가정한다. 기분이 좋을 때, 우리는 자원(혹은 긍정적 강화 요소)을 활성화할 수 있는 충분한 욕구와 에너지를 갖게 된다. 그리하여 자발적으로 멋진 일을 하고, 주말여행을 계획하고, 정기적으로 친구들을 만난다. 또한 나의 긍정적 강화 요소들은 기분과 추진력을 부채질하는 연료를 제공하기도 한다. 즉 좋은 경험들이 많이 찾아올 때 기분도 더 좋아진다.

기분이 별로 좋지 않을 때면 자원을 활성화하려는 의욕도 줄어든다. 조깅을 하고 싶은 마음도 주말에 뭔가를 하고 싶은 의욕도 생기지 않으며, 약속을 갑자기 취소하기도 한다. 결과적으로 나의 기분은 점점 나빠진다. '나에게 좋은 경험'을 더 이상 하지 못한다면, 당연히 기분도 좋지 못할 뿐 아니라 삶도 그리 좋게 흘러가지 못할 것이다. 우울한 상황에서는 '하향 나선'이 작동된다. 우울증을

자원 활성화 | 기분

잘 모르더라도 이 같은 연결 고리는 친숙하게 들릴 것이다.

어떤 이유로든 기분이 저하되면(1), 의욕도 떨어지고 본능적 억제와 사회적 후퇴가 일어난다(2). 이불 속으로 기어들어가 그저 하루가 끝나기만을 기다린다. 감기에 걸렸다면 이불 속이 최선의 해결책이겠지만, 우울한 상황이라면 이야기가 달라진다. 소파에서

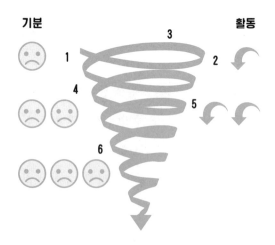

기분 | 활동

일어나는 일조차도 엄청난 피로로 다가올 때는, 친구와의 약속을 취소하거나 헬스장에 가지 않기로 결정하는 것만으로도 마음의 부담이 줄어들 것이다. 기분도 잠시나마 좋아질 수 있다(3). 하지만 그 후에는 기분이 훨씬 더 가라앉을 가능성이 높다(4).

행복감을 느끼고 균형을 유지하려면 규칙적인 자극과 일정 수준의 활동, 주변 풍경의 변화와 신체 활동, 그리고 사회적 접촉이 필요하다. 이 모든 것이 부족할 때 우리의 마음과 기분이 빠르게 곤두박질치는 것은 그리 놀라운 일이 아니다. '우울 악순환'의 문제는 우리의 추진력이 급격히 떨어지고 계속 자기 안으로 기어들어가게 된다는 것이다(5). 기분이 나선형으로 천천히 가라앉다가 '우울감'이 '우울증'으로 바뀌는 경우도 적지 않다(6).

무엇보다 나쁜 것은 우울할 때 더는 창의적일 수 없다는 사실이다. 다시 말해 더 이상 지혜로운 생각을 할 수 없다는 의미다. 이런 상황에서는 자신의 자원을 제대로 사용할 수 없다. 따라서 우울감을 떨쳐내기 위해서는 자신이 가진 모든 자원을 철저히 살펴볼 필요가 있다. 기분이 나선형으로 미끄러져 내려갈 것 같은 두려움이 찾아올 때는 여러 활동과 사회적 접촉, 도움의 손길을 가까이 두어야 한다. 심리 치료란 이런 자원을 하나씩 재건하는 작업이기도 하다.

나는 뭘 할 때
즐겁지?

나에게 즐거움을 주는 활동의 목록을 적어보자. 여기에는 규칙적으로 하던 활동이나 과거에 즐겨 하던 일(어린 시절에 좋아했던 일), 혹은 항상 시도해보고 싶었던 일도 포함된다. 어느 정도 계획을 필요로 하는 활동(휴가 준비)이나, 큰 노력을 들이지 않고 짧은 시간 안에 할 수 있는 일들(거품 목욕이나 가벼운 산책)도 모두 좋다.

기분이 우울할 때는 멋진 아이디어를 떠올리기가 어려우므로, 여러 즐거운 일들을 미리 알아보고 적어놓으면 나중에 기분 전환의 힌트를 얻을 수 있다. 예를 들어 구글에서 '즐거운 활동 목록'이나 '긍정적 기운을 주는 활동 목록' 등을 검색해보자. 참고할 만한 앱도 많다. 검색 결과, 당장 마음에 드는 활동이 많지 않다고 해서 실망할 필요는 없다. 200가지 활동 중 스스로 생각하지 못했던 아이디어가 다섯 개만 되더라도 충분하다. 힘든 순간을 대비하여 이 목록을 인쇄하거나 스마트폰 메모장에 기록해놓고 한 번씩 들여다보자.

기분이 '왜' 좋은지, '어째서' 나쁜지 알고 있는가

지난주 무슨 일을 했을 때 기분이 가장 좋았는가? 기분을 나쁘게 만든 활동은 무엇이었나? 또 시간이 지나면서 기분이 어떻게 바뀌었나? 사실 우리는 기분이 왜 좋은지, 혹은 어째서 안 좋은지에 대해 정확한 이유를 모르는 경우가 많다. 그러므로 '기분 기록장'을 통해 무엇을 할 때, 왜 기분이 좋았는지(혹은 안 좋았는지)를 확인할 필요가 있다. 자신이 한 일과 그 일을 했을 때의 기분을 1(매우 나쁨)에서 10(매우 좋음) 사이의 척도로 평가해보자. 다이어리나 스마트폰의 캘린더 기능 등을 사용하면 된다. 적어도 일주일간은 활동과 기분을 기록하고 이를 점검해보자.

미처 깨닫지 못했던 연관성을 발견했는가? 예를 들어 아침에 조금 일찍 일어나 편히 아침 식사를 한 날에는 기분이 대체로 좋지 않는가? 또는 늘 자기 얘기만 늘어놓는 친구와 통화하고 나서는 매번 기분이 상하지 않았는가? 기분을 북돋거나 우울하게 하는 활동이 무엇인지를 의식적으로 알아보고, 이에 따라 활동 계획을 세우도록 하자.

도구 63
나를 위해 하는 일 vs
남에게 보여주려고 하는 일

우리는 단순히 재미를 위해서 혹은 매우 중요하기 때문에 등의 이유로 인생에서 매우 다양한 일을 한다. 시간이 정말 쏜살같이 흘러가는 일은 대체로 '즐거운' 활동이다. 이것을 '내적 동기'라고 부른다. 또 '목표를 향해' 움직이는 활동도 있는데, 이것은 '외적 동기'라고 부른다. 예를 들어 살펴보자.

나는 밖에 나가서 움직이고 싶은 마음(내적 동기)에 조깅을 한다. 아니면 회사 동료들에 의해 거의 억지로 신청한 자선 마라톤 대회에서 창피를 당하지 않으려고(외적 동기) 달리기 훈련을 한다.

나는 머리를 맑게 하고 생각을 예술적으로 표현할 수 있어서(내적 동기), 혹은 내가 얼마나 독창적인 사람인지 증명하고 싶어서(외적 동기) 글쓰기나 그림, 조각 등의 예술 활동을 한다.

내가 TV를 보는 이유는 기나긴 하루 일과를 마치고 축 늘어져 쉬기 위해서거나(내적 동기), 교양을 높이기 위해서다(외적 동기). 물론 이 경우라면 사악한 관음증을 자극하는 리얼리티 프로그램보다는 아르테Arte(프랑스와 독일이 합작해서 설립한 유럽의 문화 전문 공영방송-옮긴이)의 다큐멘터리 영화가 훨씬 더 잘 어울린다.

규칙적으로 하는 활동을 기록해보자. 그 활동들은 내적 동기로 인한 것인가, 외적 동기로 인한 것인가? 어떤 활동을 하는 데 내적 동기나 외적 동기가 과도하게 작용하는 경우, 이를 균형 있게 조정하기 위해 무엇을 해야 할지 고려해보자. 균형 잡힌 삶을 위해서는 둘 다 필요하다.

도구 64
에너지 뱀파이어를 찾아보자

삶의 균형을 위해서는 만족감을 줄 수 있는 자원과 특정 목표를 달성하고자 노력할 수 있는 자원 모두가 필요하다. 목표는 목표 그 자체일 수도, 거기에 도달하는 방법일 수도 있다.

우선 자신이 가진 에너지원의 목록을 만들어보자.[2] 어떤 활동이나 만남 혹은 삶의 어떤 영역에서 에너지가 채워지는가? 전체 에너지원에서 각각의 자원이 차지하는 비율을 백분율로 나타내보자. 원그래프에 여러 에너지원을 표시한다. 차지하는 공간이 클수록, 끌어 쓸 수 있는 에너지가 큰 것이다. 에너지 소비원도 원그래프로 만들어보자. 당신의 에너지는 주로 어디로 흘러가는가? 같은 활동이나 삶의 영역이 두 그래프에 모두 나타날 수도 있다.

두 원그래프를 비교해보면 어떤 결론이 나오는가? 에너지를 주

기는커녕 소모하기만 하는 일이 있는가? 그 반대의 경우도 있는
가? 이대로 그냥 두는 편이 좋을까?

에너지원

1. 가족: 25%
2. 친구: 15%
3. 일: 12%
4. 스포츠: 10%
5. 웰빙 활동: 10%
6. 도자기 강좌: 8%
7. 독서: 6%
8. 집안일: 5%
9. 초콜릿: 5%
10. 정원 가꾸기 모임: 4%

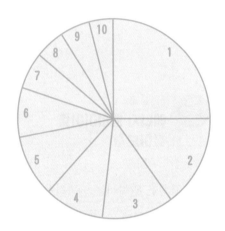

에너지 소비원

1. 일: 25%
2. 정원 가꾸기 모임: 18%
3. 쓸데없는 걱정: 15%
4. 집안일: 10%
5. 가족: 10%
6. 성가신 폴라 이모: 8%
7. 행정 업무: 5%
8. 스포츠: 3%
9. 도자기 강좌: 3%
10. 친구: 3%

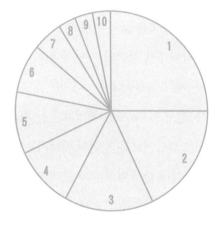

이 예를 보면 친구나 스포츠, 웰빙 활동 또는 도자기 강좌는 나에게 많은 에너지를 주는 자원이다. 반면 정원 가꾸기 모임이나 성가신 폴라 이모는 에너지를 빼앗아가는 주범이다.

도구 65
즐거움의
작은 학교

'행복 요법'의 관점에서 즐거움은 학습 가능한 자원으로 이해된다. 이에 관한 자기계발서나 훈련 강좌 등은 참가자들이 즐거움에 눈을 돌려, 완전히 새롭고 더 강렬한 즐거움을 경험할 수 있도록 하는 것을 목표로 한다. 우울증의 치료와 예방에 성공적인 것으로 입증된 치료 프로그램 '즐거움의 작은 학교'[3]는 즐거움의 경험을 높이기 위한 일곱 가지 규칙을 제시한다.

1. 즐거움에는 시간이 걸린다!

짧은 시간 동안이라도 정기적으로 즐길 거리를 찾도록 하라. 좀 더 느긋하게 아침 식사를 즐겨보라. 집으로 갈 때 좀 더 멀지만 아름다운 길을 일부러 선택해보라.

2. 즐거움을 허락하라!

'그건 지금 나에게 이롭지 않아!' 또는 '그야말로 시간 낭비야!'와 같은 비판적 생각에 의문을 제기하고, 자신이 즐거움을 누릴 수 있도록 허용하자.

3. 즐거움은 그냥 오지 않는다!

즐거운 경험을 위해 완벽하게 집중하라. 마음을 흩뜨리는 요소들을 멀리하라. 요리하거나 운전할 때 좋아하는 노래를 듣는 일은 흔하다. 하지만 온 마음을 다해 집중해서 음악을 들은 적이 언제인지를 생각해보라.

4. 즐거움은 취향의 문제다!

많은 돈을 내고 진흙으로 온몸을 문지르면서 즐거움을 느끼는 사람들도 있다(그것을 웰빙 활동이라고 부른다). 당신이 그중 한 명이라면 그것도 좋다. 그렇지 않다면 그것도 괜찮다! 당신에게 즐거움이 무엇을 의미하는지 탐험해보자. 취향은 누구나 다를 수 있다.

5. 적을수록 많다!

너무 지나치게 탐닉하지 않음으로써 즐거움의 가치는 드높아진다. 우리 대부분이 동의하겠지만 초콜릿을 통째로 먹는 것은 큰 만족감을 준다. 하지만 아주 작은 조각부터 천천히 음미한다면 그 즐거움은 더욱 오래, 강렬하게 지속된다.

6. 경험 없는 즐거움은 없다!

즐거움의 경험이 많을수록 다양한 즐거움의 미세한 차이를 알아채고 느낄 수 있다. 또한 현재의 경험을 과거의 느낌과 비교하며 연관성을 찾아갈 수도 있다.

7. 평범한 일상에서 즐거움을!

우리는 즐거움을 인생의 특별한 순간과 연관시키곤 한다. 결혼식의 화려한 피로연, 혹은 휴가철 발레아레스제도의 야자수 아래에서 자리를 펴고 자신을 완전히 놓아버린 순간들 말이다. 하지만 갓 내린 원두커피의 향과 피부에 닿는 햇빛, 새들의 지저귐 등 가장 단순한 일상의 순간에서도 얼마든지 즐거움을 찾을 수 있다.

미래에 즐거운 경험을 더 많이 하고 싶다면, 이 일곱 가지 규칙을 마음에 새기고 일상에 적용하도록 노력해보자.

도구 66
내 인생에 '중요한 사람'은
그리 많지 않을 수 있다

사이코드라마의 창시자 야코프 레비 모레노[4]가 창안한 '사회 원자 social atom' 또는 '소시오그램sociogram'은 한 사람의 사회적 그물망을 시각적으로 표현한 것이다. 사회적 접촉은 중요한 자원이다. 또한 가까운 친구나 가족을 그리 쉽게 잊어버릴 수 있는 것은 아니다. 하지만 자신의 사회적 네트워크를 전체적인 시각으로 보는 것은 힘든 순간 특히 소중한 자료가 될 수 있다. 소시오그램은 여러 방식으로 그릴 수 있는데 아래 버전을 활용해보자.

A 핵심적 관계
B 원하는 관계 – 내가 바라는 관계, 또는 나와 관계 맺기를 원하는 사람이 바라는 관계
C 별 의미 없는 지인들

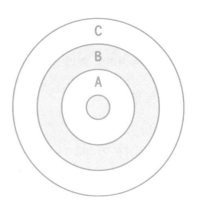

여기서 '나'는 원자핵이라 할 수 있으며, 나의 사회적 접촉은 다른 궤도의 전자처럼 내 주위를 빙빙 돈다. 사회적 관계를 그 중요성에

따라 동그라미에 표시해보자. 핵심적이고 친밀한 관계는 원자핵에 가까운 곳에 놓이고, 그저 아는 지인 등은 멀리 위치한다. 각각의 관계에 있는 사람들의 이니셜을 원 안에 적거나, 원에 숫자를 쓰고 숫자별 이름을 따로 정리해보자. 혹 마음이 바뀌었을 때 쉽게 수정할 수 있도록 스티커를 사용해도 좋다. 소시오그램은 단순한 스냅숏을 찍는 것과도 같으므로, 정기적으로 작업해도 재미있을 것이다. 여하튼 이 도식을 통해 자신의 사회적 인맥을 파악하고 의식적으로 활용해보자.

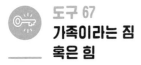

도구 67
가족이라는 짐
혹은 힘

가족 또한 귀중한 에너지원이 될 수 있다. '가족'이라는 단어를 들으면 우리는 보통 모든 가족 구성원(예를 들어 부모와 두 아이, 혹은 한 아이로 이루어진 가족)을 떠올린다. 하지만 여기서 말하는 가족 자원이란 내가 가족과 보내는 양질의 시간이다. 가령 주말 동안의 멋진 가족 여행 같은 것 말이다.

가족은 전반적 시스템뿐 아니라 다양한 하위 시스템으로 구성되는데, 이 모든 것을 자원으로 여기고 챙길 필요가 있다.

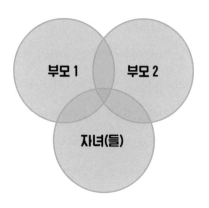

부모와 아이(들)가 보내는 양질의 시간, 자녀(들)가 혼자서 보내는 양질의 시간, 그리고 부모가 자신들을 위해 갖는 양질의 시간 등이 모두 에너지원이 될 수 있다. 부모가 자신을 위해 양질의 시간을 갖는 것 또한 자신의 건강과 가족의 균형을 위해 필요한 자원이 될 수 있다. 그러므로 가끔 자신을 위해, 혹은 부부 관계를 위해서 가족 내 관계를 들여다볼 필요가 있다. 여러 하위 시스템이 원활하게 작동할 수 있는 에너지와 시간이 충분한가?

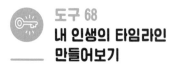

도구 68
내 인생의 타임라인
만들어보기

타임라인 설정을 통한 기술이 여러 심리 치료에서 제시되고 있다.

자신의 삶을 돌아보면 과거 어려운 도전을 극복하는 데 도움되었던 자원을 찾고 활용하는 데 유용하다.

타임라인 설정을 위해서는 기다란 끈 하나와 세 가지 색상의 포스트잇이 필요하다. 눈앞에 있는 바닥에 자신의 삶을 상징하는 줄을 놓아보자. 먼저 출생 시점을 표시하라. 포스트잇을 끈의 한쪽 끝에 붙이는 것이다. 다음에는 인생의 여러 단계를 같은 색의 포스트잇으로 표시해보라. 5년 단위로 붙여놓는 것도 좋다. 다음에는 자신의 삶을 마음속으로 반추한 후, 살면서 위기와 괴로움에 처했던 시간을 두 번째 색의 포스트잇으로 표시해보라. 그 위기들을 어떻게 극복했는지 되돌아보라. 당시에 도움되었던 것은 무엇인가(주변 사람들, 당신의 기술, 삶의 다른 측면에서 받은 지원, 물질적 지원들인가)? 각각의 자원을 세 번째 색의 포스트잇에 적은 다음 이를 '위기 포스트잇' 옆에 붙인다.

작업을 마치고 나서 완성된 삶의 타임라인 위를 한번 걸어보라. 과거의 자원을 현재나 미래에 사용할 수 있을지 생각해보라.

지금까지 당신의 에너지원을 살펴보는 데 도움될 수 있는 여러 전략에 대해 배웠다. 어쩌면 당신은 현재 사용하지 않는 자원을 새롭게 활성화하려는 아이디어를 얻었을 수 있다. 또한 한두 개의 자원을 덧붙여 에너지원 창고를 확장하는 일도 가능할 것이다. 무엇보다 깨달아야 할 것은 당신의 삶 속에는 당신의 행복과 기분, 건강을 향상하는 데 유용한 에너지원이 많다는 사실이다. 자신을 위한 주치의가 되어 삶과 건강에 긍정적 영향을 미치는 에너지원들을 스스로 처방해보자.

CHAPTER

14

마음이 땅을 파고
들어갈 때

- 우울 떨쳐내기 -

파거를 즐기는 사람은 두 번 산다.

- 마르티알리스

$$2 \times 2 = 4$$
$$7 - 5 = 2$$
$$6 + 3 = 8$$
$$9 \div 3 = 3$$

여기 네 개의 계산식이 있다. 혹시 무엇을 위한 것인지 짐작되는가?

이를 보고 당신은 이렇게 말할 수 있다. "하나가 틀렸네요." 물론 당신 말이 맞다. 하지만 이렇게 말할 수도 있지 않을까? "세 개는 정답이네요."

우리는 왜 네 개의 계산 중 하나가 틀렸다는 사실을 금세 알아차릴까? 우리가 일상에서 자주 겪는 일이기 때문은 아닐까? 예를 들어 직장에서 우리는 보통 세 개의 긍정적 경험과 하나의 부정적 경험을 겪는다. 세 명의 고객을 만족시켰지만 한 명은 불만족했을 수도 있고, 해야 할 일 중 세 가지는 성공적으로 처리했지만 한 가지 작업에는 문제가 생겼을 수 있다.

퇴근하고 집으로 가는 길, 어떤 생각이 드는가? 혹시 하나의 부정적 경험이 나머지 경험보다 더 오래 마음에 남지는 않는가? 보통 좋은 일은 스르르 사라져버리지만 나쁜 일은 접착제처럼 가슴에 달라붙어 떨어지지 않는다.

선택적 인식 현상은 관심이 집중된 정보만 마음에 새겨지는 현상을 설명한다. 사이먼스와 샤브리스라는 두 심리학자는 실험을 통해 이를 증명했다.[1] 참가자들은 검은색 옷을 입은 농구 선수들 사이에서 하얀색 옷을 입은 선수들이 서로 공을 패스한 횟수를 세라는 요청을 받았다. 궁금하다면 영상을 보시라. 인터넷의 다양한 동영상 플랫폼에서 'selective attention test'라는 키워드로 이를 찾을 수 있다. 자, 이제 그 영상을 보고 오길 바란다.

혹시 영상 속에서 가슴을 치며 지나가는 고릴라를 보았는가? 사실 사이먼스의 실험 참가자 중 약 절반은 농구공에 주의를 집중시키고 있었기 때문에 고릴라를 보지 못했다고 한다. 만약 패스한 공의 횟수를 세라는 지시가 없었다면 모든 참가자가 고릴라를 보았을 것이다. 사람들 사이를 지나가는 고릴라의 모습을 놓치기란 결코 쉽지 않은 일이니 말이다. 이 경우 선택적 인식은 주의력의 상실로 이어진다. 만약 이 실험에 대해 알고 있다면 'The monkey business illusion'이라는 영상을 보며 계속되는 실험을 지켜보길 바란다.

선택적 인식 과정은 꽤 고집스러울 수 있다. 우리의 고착된 이미지를 확인할 수 있는 좋은 예는 우화 작가 이솝에 대한, 기원을 알 수 없는 이야기에서 찾을 수 있다. 한 여행자가 아테네에 어떤 사람들이 살고 있는지 묻자 이솝은 그에게 어느 도시에서 왔는지, 그곳에 어떤 사람들이 살고 있는지 질문했다. 여행자가 자기 고향 사람들은 모두 거짓말쟁이에다 사기꾼이라고 대답하자, 이솝은 불행하게도 아테네의 사람들도 똑같을 것이라고 말했다. 얼마 지나지 않아 다른 여행자가 이솝에게 같은 질문을 던지자, 이솝은 역시 그에게도 고향과 고향 사람들에 대해 물었다. 두 번째 여행자가 그곳 사람들은 모두 친절하고 고상하다고 말하자, 이솝은 아테네 사람들도 다르지 않을 것이라고 대답했다.

예를 들어 모든 사람이 나쁘다는 특정 믿음을 가지고 있다면, 우리는 의식적으로나 무의식적으로 그 믿음을 뒷받침할 수 있는 증거를 집중적으로 생각하게 된다. 그리고 이에 반대되는 징표는 모두 모른 척한다. 새로운 도시로 이사한다고 해서 그 생각이 바뀌지는 않을 것이다. 따라서 우리의 태도는 자기실현적 예언이 될 수 있다.

산수 문제 '6+3=8'로 돌아가보자. 인간은 대체로 표준을 넘어서거나 다소 부정적인 것, 잠재적으로 위험하다고 느껴지는 것에 우선순위를 두도록 프로그래밍된 것 같다. 인류 기원의 역사를 생각해보면 생존을 위해서 가능한 모든 위험 요인을 주시해야만 했다. 석기시대의 남자라면 동굴벽화를 멋지게 그려놓고 흐뭇함에 잠겨 있는 순간에도, 동굴 앞에서 들려오는 동물의 기척에 주의를 기울이는 일이 더욱 중요했다. 검치호랑이에게 잡아먹히지 않으려면 말이다. 만약 그렇지 않았다면 내가 이 책을 쓰는 일도, 여러분이 이 책을 읽는 일도 일어나지 않았을 것이다. 우리 모두 오래전에 멸종되었을 것이기 때문이다.

그리고 여전히 우리의 인식 체계 안에는 부정적인 것에 집중하며 긍정적 느낌은 뒤로하는 진화생물학적 필터가 작용하고 있다. 오늘날 우리가 집을 나설 때 위험한 동물들에게 잡아먹힐 위험을 무릅써야 할 필요는 없지만, 잠재의식은 여전히 안전함을 추구한다. 의심의 순간 그것은 긍정적 측면보다는 부정적 측면에 더 초점을 맞춘다. 이것이 우리의 생존에 필수적이라는 인식이 소뇌에 깊게 새겨져 있기 때문이다.

우울증 환자의 경우 이 필터링 과정이 거의 병적 수준으로 진행된다. 그 결과 긍정적인 느낌은 거의 사라지게 되고, 흔히들 말하는 것처럼 검은 선글라스를 쓰고 세상을 보게 된다. 어찌어찌해서 긍정적 경험들이 이 필터를 통과하는 데 성공한다 해도, 이것들을 깎아내리려는 경향이 상황을 더욱 어렵게 만든다. 가령 환자들을 치료하는 과정에서 긍정적이거나 성공적인 경험을 지적해주면 나는 자주 "네, 그렇지만"이라는 대답을 듣는다.

"물론 프레젠테이션에서 칭찬을 많이 받긴 했지요. 하지만 맨 앞줄의 사람이 하품하더군요."

"네, 휴가 때 아주 좋은 시간을 보낸 건 맞지만 비가 이틀씩이나 내리더군요."

"네, 길에서 10유로를 줍긴 했지만 지난주에 나는 20유로를 잃어버렸어요!"

마치 부정적인 것이 긍정적인 것보다 훨씬 더 중요한 듯하다.

만약 휴가 때 비가 이틀씩이나 내렸다면 온전히 행복을 느끼기 어렵다는 것은 이해할 수 있다. 하지만 전자가 후자와 반드시 관련

있는 것은 아니다. 긍정적 경험의 가치가 부정적 경험의 가치로 인해 평가 절하되어야 한다고, 대체 어디에 쓰여 있는가?

당신이 오늘 길에서 10유로를 주웠다면 그것의 가치는 무엇인가? 정답은 10유로다. 만약 당신이 지난주에 길에서 20유로를 잃어버렸다면, 오늘 길에서 발견한 10유로의 가치는 얼마인가? 아직도 10유로인가, 아니면 마이너스 10유로인가? 슈퍼에서 10유로로 물건을 계산하려고 하면 답이 나올 것이다. 이 돈으로 무엇을 살 수 있는가? 만약 답이 '콜라 한 병, 화장지 하나와 껌 한 통' 또는 '10유로 상당의 제품'이라면, 오늘 주운 지폐의 가치는 여전히 10유로다. 마찬가지로 긍정적 경험이 부정적 경험에 비해 하찮거나 대수롭지 않게 보일지라도, 절대 가치가 없는 것이 아니다.

우리가 경험을 형성하는 것 또한 선택적 인식 과정일 수 있다. 심리학자 대니 보리우는 20유로를 이용한 실험을 '충격 기술'의 하나로 설명했다. 한 환자가 평생 사람들에게 짓밟혔으므로 자신이 무가치한 인간으로 여겨진다고 말했다. 이 말을 들은 치료사는 지갑에서 20유로짜리 지폐를 꺼내 질문을 던졌다. "이 지폐가 얼마의 가치가 있는 것 같은가요?" 환자는 "20유로"라고 대답했다. 치료사는 지폐를 구겨 바닥에 던지고 밟았다. 그런 다음 다시 지폐를 집어 들고 그것을 펼쳐 보이며 물었다. "자, 이제 이 지폐가 얼마의 가치로 보이시나요?"[2]

때로 세상 모든 사람이 나를 짓밟고 있는 것처럼 느껴지더라도 그것이 반드시 나의 가치를 낮춘다는 의미는 아니다.

우리의 인식과 평가 시스템뿐 아니라 기억도 필터링을 거쳐 형성될 수 있다. 생존 본능도 여기서 중요한 역할을 한다. 미래의 위험에 더 잘 대비하기 위해서는 부정적 경험을 잊지 않는 것이 중요하다. 물론 당신은 지금까지도 기억하는 아름다운 경험들이 수없이 많다고 반박할 수 있다. 좋은 일이다. 하지만 스트레스를 받거나 우울함이 찾아올 때는 어떤가? 마치 모든 것이 나쁘기만 하다는 느낌에 사로잡힐 것이다. 디즈니 영화 〈인사이드 아웃〉에서는 '슬픔'이 건드리면 '기쁨'의 노란색 기억이 파란색으로 물든다. 기분 일치 효과는 우리가 어떤 기분을 느낄 때, 그 기분과 일치하는 과거에 경험한 상황을 훨씬 잘 기억하는 것을 뜻한다.

이는 현재 우울한 기분에 빠져 있다면 두 가지 문제가 동시에 발생한다는 사실을 의미한다. 하나는 현재의 기분이 그리 좋지 않다는 것이며, 다른 하나는 과거에 대한 우리의 관점도 역시 필터링된다는 것이다. 우리는 우울할 때 과거에 경험했던 우울한 기억을 우선시해서 기억하려 한다. 긍정적 기억은 현재의 기분과는 맞지 않기 때문에 배경으로 밀려난다. 대부분의 시간 동안 우울함을 느끼는 우울증 환자의 경우, 이는 자연스럽게 커다란 심리적 부담으로 이어진다. 그 사람의 인생 전부가 부정적 관점으로 뒤덮이는 것이다. 우울증을 치료할 때 이러한 왜곡 과정에 대항하는 접근법이 매우 효과적인 것으로 입증되었다. 우울증에 지배된 뇌가 인식과 판단 그리고 기억 속의 모든 긍정적 경험들을 걸러내려고 할 때 나 또한 이에 대항하는 수법을 사용하는 것이다. 즉 의식적으로 긍정적인 경험에 돋보기를 갖다 대고 고정하는 것이다.

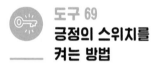

도구 69
긍정의 스위치를
─── 켜는 방법

가능한 방법 중 하나는 '긍정적 감정 고착시키기'라 불리는 것이다. 신경언어학적 프로그래밍의 접근법과 최면요법에 의하면, 특정한 감정적 경험은 조건화를 통해 특정한 신체적 감각과 함께 고정될 수 있다. 예를 들어 긍정적 감정 상태에서 어떤 손동작을 함으로써, 그것을 긍정적 감정과 연결되게 하는 것이다. 즉 특정 손동작을 함으로써 긍정적 느낌을 다시 활성화할 수 있다.

　일례로 한 손의 엄지손가락을 다른 손가락 끝에 차례로 닿게 하는 네 손가락 운동도 긍정적 감정을 고착시키는 방법이다. 각각의 손가락은 안전·통제, 애착, 욕망·탈욕망, 자기 가치와 같은 네 가지

기본욕구와 부합되는 긍정적 신호를 나타낸다(20장 참조).

이 운동을 반복하면 긍정적 기억들을 고정하고 일상생활에서 필요한 순간에 그 기억들을 매우 빠르게 활성화할 수 있다. 한번 시도해보라.

- 준비되었으면 평소에 많이 쓰지 않는 손의 엄지손톱으로 같은 손의 집게손가락 끝을 꾹 눌러보라. 눌렀을 때 드는 느낌에 집중해보라. 과거 또는 현재에 안전하고 안정적이라고 느끼는 장소에 대한 기억을 끄집어내보라. 그 느낌이 몸 전체에 흐르도록 해보라.
- 엄지손가락을 가운뎃손가락의 끝으로 이동시켜보라. 두 손가락 사이의 접촉에 집중하고, 당신이 다른 사람과 연결되어 있다고 느꼈던 순간을 기억해보라. 다정한 순간과 즐거웠던 대화 혹은 누군가 가까이 있는 느낌 등. 이 연결의 느낌이 몸 전체에 발산되도록

해보라.

- 이제 엄지손가락으로 약지를 만져본다. 당신이 기쁨을 느꼈던 순간의 기억으로 마음을 되돌려보라. 취미 생활을 하는 순간이나 즐거움의 순간 혹은 육체적 휴식의 순간일 수도 있다. 즐거움의 활기찬 느낌이 온몸에 퍼져나가도록 하라.

- 마지막으로 엄지손가락을 새끼손가락으로 옮겨본다. 접촉의 느낌에 집중하며, 스스로 만족스럽고 자랑스러웠던 성취의 순간에 대한 기억을 떠올려보라. 자아실현의 느낌이 온몸에 퍼져나가도록 하라.

도구 70
그 누구보다 '나'의 인정과 칭찬이 중요한 이유

힘든 순간에 왜곡된 자기 비하로부터 자신을 구할 수 있는, 긍정적 감정을 고정하는 또 다른 방법은 긍정적 자아상을 만드는 것이다. 자신의 긍정적 자질과 재능, 장점의 목록을 만들어보자. 다음 질문을 통해 영감을 얻을 수 있다.

- 내가 잘하는 것은 무엇인가?
- 내가 다른 사람들보다 더 잘하는 것은 무엇인가?

- 내가 예전보다 더 잘하는 것은 무엇인가?
- 나는 무엇이 자랑스러운가?
- 나에게 중요한 가치는 무엇인가?
- 다른 사람들은 나의 어떤 점을 높이 평가하거나 사랑한다고 생각하는가?
- 나는 주로 무엇에 대한 칭찬을 받는가?
- 다른 사람들이 나에게 공감을 표현할 때 그것을 알아채는가?

이 질문지를 안전한 곳에 보관하거나, 스마트폰으로 찍어 저장하거나, 침실 문 앞에 붙여놓으라. 정기적으로 이 질문을 읽거나 외우는 것도 좋다. 이것을 지속해서 보완하도록 노력해보라. 물론 이런 방식의 실험이 그다지 마음에 들지 않을 수 있다. 많은 이들이 '자신을 칭찬하는 것이 부끄럽다'라는 생각을 내면화하고 있다. 하지만 한번 시도해보라.

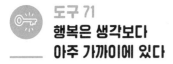

도구 71
행복은 생각보다
아주 가까이에 있다

우울증 치료에 매우 효과적인 것으로 입증된 또 다른 치료 방법은 긍정 일기(행복 일기, 성공 일기 또는 태양 일기라고도 함)를 쓰는 것이다. 당신이 우울증에 걸릴 일이 없을 만큼 운이 좋다 하더라도, 삶의 질을 더욱 향상하고 우울증으로부터 자신을 미리 보호하기 위해 이 간단한 기술을 사용할 수 있다.

일기를 쓰는 방법에는 여러 가지가 있다. 당신이 만약 심오한 감정을 담은 '사랑의 일기'를 쓰는 것을 생각만 해도 속이 메슥거리는 타입이라면 진정하기 바란다. 심리 치료의 관점에서 볼 때, 짧고 간결하게 일상 속 긍정적 경험을 기록하는 일이 중요한 것이다. 물론 당신이 글쓰기를 즐긴다면 더 나아갈 수도 있다. 하지만 일기를 쓰는 것 이외에도 사진이나 극장표, 마른 꽃 등을 일기장에 붙이거나 그림을 그리는 것도 좋은 일이다.

여기서 잠깐, 심리 치료 목적의 과제에서는 가장 중요한 법칙이 있다. 힘이 덜 들수록 과제를 수행할 확률이 높아진다는 것이다. 그러므로 긍정 일기를 쓰는 것은 고상하고 질 높은 글쓰기도, 걸출한 문학작품을 쓰는 일도 아니며 그저 최소한의 의식을 기울이는 것이라는 점을 알아야 한다.

우선 긍정 일기를 쓸 일기장이 필요하다. 긍정적 내용만 기록할 수 있는 작은 공책이면 된다. 치과 방문 일정이나 실연의 상처를 기록하는 다이어리가 아닌, 오로지 긍정적 목적으로 사용할 수 있는 공책이어야 한다. 당신이 좋아하는 일기장을 선택해보라. 보험

회사에서 공짜로 주는, 회사 로고가 박힌 보기 싫은 사은품은 적합하지 않다. 당신에게 중요한 연습을 하기 위한 공간이기 때문이다. 행복의 순간을 담은 소중한 일기장은 그에 어울리는 외양을 갖출 필요가 있다.

당신이 창의적인 타입이라면 일기장의 표지를 멋지게 꾸밀 수 있을 것이다. 단순하고 우아한 디자인을 좋아한다면 그냥 블랙으로 된 일기장을 사용할 수도 있다. 혹시 종이에 일기를 쓰는 것이 학창 시절의 트라우마를 연상시킨다면, 스마트폰이나 디지털 기기의 메모장에 기록하는 것도 괜찮다. 다만 내 경험상으로는 행복의 순간을 손으로 직접 기록할 때 그 울림이 더 큰 것 같다. 또한 직접 손으로 쓴 내용을 읽을 때 그 경험에 더욱 공감할 수 있게 된다.

긍정 일기장은 체계적으로 쓰는 것이 바람직하다. 가장 좋은 것은 하루 중 같은 시간, 같은 장소에서 일기를 쓰는 것이다. 가령 침대 옆 협탁에 일기장과 펜을 놓아두는 것도 좋다. 아니면 아침에 침대에서 일어나면서 일기장을 베개 위에 올려놓는 방법도 좋다. 저녁에 잠자리에 들 때 눈에 띌 수밖에 없기 때문이다. 잠자리에 들기 전 의식처럼 하루에 몇 분간의 시간을 내어 긍정 일기를 쓰는 것도 좋다. 중요한 것은 그것이 짧지만 달콤한 기록이라는 사실이다. 각 항목마다 날짜와 몇 가지 키워드를 적어두면 나중에 다시 찾기 쉬울 수 있다. 한 줄만으로도 충분하다.

물론 프러포즈를 받거나 연봉 인상 소식을 듣는 것이 매일 있는 일은 아니다. 심지어 마라톤 행사도 일 년 중 며칠만 열린다. 그런 특별한 날에는 그 경험을 글로 기록하는 것이 좋다. 물론 그토록 인상적인 경험들이 쉽게 잊히지는 않겠지만 말이다. 당신은 2019년 1월 16일에 경험했던 아름다운 일을 기억하는가? 기억하지 못한다고? 나도 마찬가지다. 하지만 그때 우리가 긍정 일기를 썼더라면 2019년 1월 16일의 일이 바로 떠오를 확률이 높다. 아무리 짧은 행복의 순간이라도 말이다.

긍정 일기는 우리가 온종일 경험하는 사소한 순간들도 포함한다. 예를 들어 내가 소중하게 여기는 커피 타임이나 흥얼거리며 따라 부르게 만드는 라디오의 음악, 휴식 시간 동안 동료들과 나누는 멋진 대화, 5분간의 햇빛과 피부에 와닿는 기분 좋은 따뜻함, 직장에서의 작은 성취감과 갓 깎은 풀 냄새, 그리고 깔끔하게 청소된 화장실, 거실 카펫 위에서 개와 껴안고 뒹굴기, 아이들과 함께 멋지게 만든 레고 성 등등. 하루에 한 번씩 그날의 좋은 일을 떠올리는 것만으로도 충분하다. 물론 여러 번도 가능하다.

일기 내용은 짧더라도 정확하게 기록하라. 예를 들어 '나는 영화관에 갔다'라고만 쓰지 말고, 영화 제목과 영화관에 함께 갔던 사람도 적어라. 일기를 쓰는 도중 샛길로 빠지지 말고(저녁 식사를 하면서 아내와 좋은 대화를 나눴는데 수프에서는 탄 맛이 났다) 억지로라도 긍정적 경험만 적도록 하라. 그런데 종일 비가 내렸고, 직장 상사는 나를 괴롭혔으며, 구내식당 바닥은 질척거렸고, 집에서는 변기가 막혀 죽도록 고생한 날이라면 어떻게 하는가? 긍정 일기에 도대체 무엇을 적을 수 있을까? 놀라운 것은 그런 날조차 짧은 행복의 순간은 존재한다는 사실이다. 너무 쉽게 포기하지 마라.

아마 당신은 이런 생각이 들 수도 있다. 지금까지 좋은 경험이 정말로 하나도 없었다면 어떻게 하는가? 매우 간단하다. 아직 당신의 하루가 끝나지 않은 것이다! 이럴 때는 잠들기 전에 의식적으로 짧은 행복의 시간을 가져볼 필요가 있다. 예를 들어 좋아하는 앨범을 듣거나, 지난 휴가 때의 사진을 보거나(혹은 새로운 휴가 계획을 세우거나), 차를 한잔 마시거나, 거품 목욕을 하거나, 재미있는 드라마 시리즈를 보는 것도 좋다.

이것은 두 가지 목표를 충족시킨다. 저녁에 하나의 의식처럼 하루를 돌아보고, 기분 좋은 일들을 일부러 훑어보며 당신의 마음을 긍정적인 쪽으로 물들이는 것이다. 이는 서서히 새로운 습관을 형성시키며, 미래에도 짧고 긍정적인 순간들을 만들어가도록 자신을 북돋운다. 또한 어려운 순간에 기댈 수 있는 기억의 보관소를 만들어준다. 일주일 동안 매일 밤 잠깐이라도 하루의 좋은 일들을 기록해보라. 그러면 긍정적인 기억을 되살려줄 이야기가 최소 일곱 개 담기는 것이다. 한 달 동안 이렇게 기록한다고 생각해보라.

아니면 1년은 어떤가? 읽다보면 기분이 좋아지는 365가지의 긍정적 기억이 생기지 않겠는가? 하루에 몇 분밖에 걸리지 않는 치료 기술이기도 한 긍정 일기는 당신에게 무엇보다 소중한 보물이 될 수 있다.

때로 살다보면 '6+3=8'인 순간이 있다. 하지만 그럼에도 불구하고 당신은 자신에게 맞는 식을 적어보겠다는 결정을 의식적으로 내릴 수 있다. 그러니 "네, 그렇지만"이라는 말은 이제 그만하고 마음껏 행복을 누리도록 하자.

우울할 때
어깨가 처지는 이유

- 기분을 전환하는 몇 가지 방법 -

난 우울할 때는 이렇게 서 있어.
(어깨를 늘어뜨리고 고개를 숙인다.)
우울할 때는 그에 맞는 자세를 취하는 것이
얼마나 중요한지 모르지?
그런 상황에서 자세를 꼿꼿이 하고 머리를 높이 드는 것은
최악의 선택이야. 기분이 금세 좋아지거든.
그러니 계속 축 처진 기분을 느끼고 싶다면
이런 자세로 있어야 해.

– 《피너츠》의 찰리 브라운

—— 주목! 잠시만 자세를 유지한 채로 있어보라! 절대 자세를 바꾸지 마라! 지금 어떻게 앉아 있는지(또는 누워 있는지) 주목하라. 긴장이 풀린 상태인가? 그렇다고? 좋다, 나도 마찬가지다. 이제 자세를 살짝 바꾸어보라. 아니면 완전히 다른 자세를 시도해보는 것도 좋다. 바꾼 자세가 이전 자세보다 약간 더 편안한가? 그렇다면 이제는 좀더 편안한 자세를 취해보기 바란다.

왜 자신이 처음부터 좀더 편안한 자세를 취하지 않았는지 궁금하다고? 답은 꽤 간단하다. 주의를 기울이지 않았기 때문이다. 우리는 보통 스트레스 수준이 넘칠 정도가 되어야만 신체의 긴장을 알아챈다. 일상생활에서 우리는 종종 무의식적으로 근육의 긴장을 증가시키는 자세를 취한다. 그리 긴장이 그리 크지 않더라도 결과적으로 서서히 쌓이게 된다. 거의 불가능하게 뒤틀린 자세로 몇 시간 동안 스마트폰 화면을 보며 구부리고 앉아 있는 사람들을 보

라. PC에서 고작 10센티미터 떨어진 곳에 쪼그리고 앉아 눈을 가늘게 뜨고 화면을 바라보는 동료를 보라. 아니면 출퇴근 시간대의 교통 체증 속에서 운전대를 양손에 잡고 구부정한 자세로 앉아 있는 옆 차량의 운전자를 엿보느라 위험을 감수하고 있는가? 간발의 차이로 경쟁자를 제치고 결승선을 통과하려는 육상 선수처럼 말이다.

생각에 잠긴 얼굴로 찡그리면 정말로 더 잘 집중할 수 있을까? 차 안에서 온몸을 배배 꼰다고 해서 교통 체증이 더 빨리 풀릴까? 대답이 "아니요"라면 차라리 에너지를 절약하는 편이 나을 것이다. 그렇지 않은가? 하지만 그러려면 적절한 시기에 근육의 긴장이 증가하는 것을 알려줄 수 있는 안테나가 필요하다. 긴장성 두통이나 과민대장증후군, 이명 등과 같이 스트레스 요인으로 인한 신체적 문제는 이런 방법으로 예방할 수 있다. 스트레스를 받으면 기본적으로 우리의 긴장감은 증가한다. 역으로 기본적 긴장감이 높아질 때 스트레스도 증가한다. 즉 기본적 긴장감을 낮추면 삶은 훨씬 더 느긋해진다.

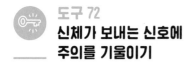

도구 72
신체가 보내는 신호에
주의를 기울이기

신체가 보내는 신호에 주의를 기울여보자. 온종일 스스로 물어보는 습관을 길러보자. '어떻게 하면 몸을 반듯하게 유지할 수 있는가? 지금 내 몸의 상태는 어떤가? 내 몸이 원하는 것은 무엇인가?' 처음부터 이 습관을 내면화하는 것은 어려우므로 알림(스마트폰의 알림, 포스트잇 메모 등) 기능을 사용하는 것이 좋다.

혹시 무의식적으로 긴장을 느낀다면 긴장을 풀기 위한 노력을 해보자. 잠시 몸을 뒤로 젖히거나, 심호흡을 몇 번 하거나, 스트레칭으로 목 근육을 살짝 풀어주거나, 양 손바닥을 비벼서 열을 낸 다음 눈을 부드럽게 마사지하는 등의 방법이 있다(더 체계적인 이완법은 17장을 참고하라). 당신의 기본욕구에 주의를 기울여보라. 가령 작업실의 탁자 위에 물병을 놓아두고 하루에 필요한 만큼 마시도록 하라.

기분과 신체적 경험 사이에 연관성이 있다는 것은 모두가 알고 있다. 우리는 슬프거나 우울할 때 몸이 가라앉고 납작해진다고 느낀다. 마치 무너지는 듯한 느낌이 들기도 한다. 또한 말 그대로 고개가 축 처진다. 하지만 그 반대의 연관성이 있는지는 아직 증명하지 못했다. 특정 자세가 부정적 감정을 유발하거나 촉진하는지는 아직 알 수 없는 것이다.

성인의 평균 머리 무게가 얼마인지 알고 있는가? 5~6킬로그램에 달한다. 똑바로 서 있을 때 머리의 무게는 목과 어깨를 통해 몸 전체에 골고루 퍼진다. 하지만 고개를 숙이면 그야말로 6킬로그램의 쇠사슬을 목에 거는 것과 같다. 이 무게를 목 근육이 떠받친다. 그러므로 목이나 머리 혹은 허리 통증이 우리의 전체 건강에 어떤 영향을 미치는지를 쉽게 알 수 있다. 우울할 때면 우리는 고개를 숙인다. 그리고 고개를 숙이면 몸이 무너지게 된다.

반대로 자세를 바꿈으로써, 기분을 긍정적으로 변화시킬 수 있다는 결론도 얻을 수 있다. 이 둘 사이의 연관성은 '표정에 대한 피드백 실험'을 통해 입증되었다. 여기서 참가자들은 만화책을 읽고 즐거움의 정도를 평가하라는 요청을 받았다.[1] 참가자 중 한 그룹은 실험하는 동안 치아 사이에 연필을 끼우고 있어야 했다. 두 번째 그룹은 연필을 입술 사이에 끼우고 있도록 요청받았다. 세 번째 그룹은 연필을 입에 대지 않고 만화를 평가하라는 과제를 받았다. 놀랍게도 첫 번째 그룹이 다른 두 그룹보다 만화가 더 재미있다고 평가했다. 반면 두 번째 그룹(입술 사이에 연필을 끼운 그룹)의 분위기는 최악이었다.

연구원들은 얼굴의 어떤 근육이 긴장하는지에 따라 촉진되는 기분이 다르다고 추정했다. 첫 번째 그룹에서 볼 수 있는 근육의 수

| 치아 사이에
연필을 끼움 | 입술 사이에
연필을 끼움 | 연필을
사용하지 않음 |

축 현상은 웃는 얼굴에서 볼 수 있는 근육 활성화 현상과 일치했다. 반면 두 번째 그룹에서는 그다지 행복하지 않을 때 주로 활성화되는 근육들이 긴장하는 것을 볼 수 있었다. 행복을 느낄 때 우리는 웃는다. 그 반대도 가능하다. 웃을 때 우리는 행복해진다.

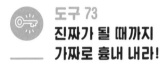

도구 73
진짜가 될 때까지
가짜로 흉내 내라!

신경학적 관점을 바탕으로 한 신체 중심 심리 치료법에서는 신체 운동을 통해 심리 치료의 효과를 달성하려는 시도를 하고 있다. '웃음 요가'라고도 불리는 하샤 요가Hasya Yoga는 이처럼 그럴듯한 통찰에 바탕을 두고 있다. 다양한 호흡 방식이나 스트레칭을 통해 의식적으로 웃음을 만들어내면, 그 웃음은 점점 자연스러워져서 어느새 진짜 웃음으로 바뀐다. 여기서 원칙은 '진짜가 될 때까지

가짜로 흉내 내라!'이다.

행복할 때 짓는 표정을 의식적으로 활성화하면 그것이 기분에 긍정적 영향을 미칠 수 있다. 이상하게 들리는가? 직접 시도해보라. 1분 동안 혼자 미소 짓고 그것이 기분을 어떻게 변화시키는지 지켜보라.

슬플 때는 고개를 숙이지 마라. 슬픈 자세로 있지 말고, 일부러 반대 자세를 취해보라. 의식적으로 웃으려고 노력해보라. 더 자주 웃도록 해보라. 기분에 맞는 우울한 뮤직비디오를 보고 싶은 마음이 들 수도 있다. 하지만 반대로 시도해보라. 스탠드업 코미디나 시트콤 혹은 유튜브에서 웃기는 영상 등을 찾아보라. 아무리 웃고 싶지 않더라도 아무튼 한번 시도해보라!

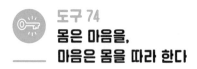

도구 74
몸은 마음을,
마음은 몸을 따라 한다

신체는 처리되지 않은 감정으로 연결되는 문의 역할을 하기도 한다. 심리 치료사 유진 겐들린이 개발한 '집중법'은 감정 상태의 물리적 위치와 언어화에 관심을 보인다. 이는 특정 상황에서 우리가 어떻게 느끼는지를 보여주는 신체적 감각에 집중하는 것이다. 이러한 감각에 주목하면 몸을 통해 감정적 경험을 영역화하고 구체화할 수 있게 된다.[2] 당신을 불편하게 만드는 상황을 신체적 관점에서 보고 싶다면 다음과 같은 방법을 시도해보라. 이는 집중법의 고도화된 방식이다.

- 문제의 상황을 생각하고 불편한 감정이 서서히 올라오도록 하라.
- 정확히 당신의 몸 어디에서 이런 느낌을 받는가? 가슴 혹은 목 등.
- 느낌이 어떤가? 이 느낌을 단어나 이미지로 설명해보라. (가령 어떤 환자는 배 쪽에 젖은 수건이 매듭지어 있거나, 가슴에 뜨거운 공이 들어 있거나, 목에 나사가 박혀 있는 느낌이 든다고 했다.) 창의적으로 이를 묘사해보라.
- 당신이 떠올린 이미지가 감정과 실제로 일치하는지 천천히 확인해보라. 이미지와 느낌 사이의 진동을 느끼고 서로 일치할 때까지 조율해본다.
- 이제 느낌에 집중하도록 자신을 허락하라. 느낌과 싸우려 하지 말고 오히려 조금 증폭시키는 것도 괜찮다. (조금 불편할 수 있지만) 이를 위해서는 이미지에 살짝 변형을 가하는 것도 좋다. (매듭을 더 강하게 묶거나, 공을 더 뜨겁게 만들거나, 나사를 더 세게 조인다.) 잠시 당신의 감정에 집중하고 이에 따른 신체적 감각을 관찰해보라.

- 그런 다음 호흡에 집중하라. 감정을 느끼면서 호흡을 하는 것을 상상해보라. 숨을 쉴 때마다 그 감정의 일부가 사라진다고 느껴보라. 긴장이 서서히 풀리는 것을 시각화해보라. 호흡할 때마다 매듭이 살짝 느슨해지고, 공은 천천히 식고, 나사는 조금씩 풀린다. 당신의 몸을 느끼면서 변화를 관찰해보라. 이것이 당신이 상상한 그림과 일치하는가?

이 집중법이 감정에 다르게 접근하도록 도움을 주었는가? 감정이 이전보다 살짝 누그러졌다는 것을 알아차렸는가? 그렇다면 가끔 이와 같은 방식을 사용해봐도 좋을 것이다.

자신감은 자세와도 관련이 있다. 오늘 아침 버스 안에서 평소 짝사랑해온 상대가 나에게 미소를 지었거나, 카페 앞의 비좁은 주차 공간에 단번에 차를 세우는 데 성공했거나, 발코니에서 십 대 아이들이 나를 보고 있다고 느끼면 나의 자세는 달라진다. 무의식적으로 나는 몸을 꼿꼿이 하고, 턱을 좀더 치켜들며, 가슴을 펴는 것이다. 몸과 마음이 적어도 몇 밀리미터는 커지는 듯이 말이다.

하지만 짝사랑의 상대가 나를 보고 웃은 것은 내 모자에 새똥이 묻었기 때문이라는 사실을 알게 되거나, 주차장으로 돌아갔을 때 내 차를 실은 견인차가 모퉁이를 도는 것을 목격하거나, 십 대 아이들이 내가 보지 못한 주차 금지표지를 가리키며 히죽거리는 모습을 본다면 내 자세도 급격히 달라진다. 어깨가 처지고 상체가 구부러진다. 몸과 마음이 안팎으로 좁아든다.

이 연결은 역방향으로도 확인할 수 있다. '자세 피드백 실험'은 흥미로운 현상을 보여준다. 몇 분 동안 자신감 있는 자세를 유지한 실험 대상자들은, 공간을 거의 차지하지 않는 자세를 채택한 사람들보다 자신이 더 강하다고 느꼈다. 연구원들은 이 실험을 통해 호르몬 변화까지 측정할 수 있었다.[3] 자신감 있는 태도는 테스토스테론 수치를 높이고 스트레스 호르몬인 코르티솔을 감소시키는 것으로 나타났다. 이러한 연관성을 명확히 밝힌 다른 연구는 아직 없으나, 이 실험을 바탕으로 소위 파워 포즈가 개발됐다.

도구 75
자신감을 한껏 높이는 파워 포즈

슈퍼맨 실험을 제안하고자 한다. 당신의 몸을 최대한 작게 만드는 방법에 대해 생각해보라. 웅크리고 비좁은 자세를 2분 동안 유지하라. 기분이 어떤가? 그런 다음 2분 동안 슈퍼 히어로 자세를 취해보라. 손은 엉덩이에, 가슴은 펴고, 다리는 벌리고, 턱은 위로. 차이를 알아차릴 수 있는가?

취업 면접이나 연봉 협상 등 앞으로 당신이 맞이할 특정 상황에서 미리 1분간 파워 포즈를 취하면 자신감이 높아질 수 있다. 다시 말해 실제 상황에서 똑바로 선 자세와 자신감 있는 표정을 유지하도록 노력해보라. 굳이 말하자면 자신감 넘치는 역할을 해야 할 배우의 입장이 되어보라. 처음에는 어색하게 느껴질 수 있지만 자신감 있는 자세를 취하는 것만으로도, 자신감이 높아짐을 알 수 있을 것이다(자신감을 고양하기 위한 방법은 19장을 참조하라).

스트레스에 대한 경험과 기분, 그리고 자신감은 자세에도 강한 영향을 미친다. 마찬가지로 우리의 자세는 역으로 스트레스 내성과 기분, 그리고 자신감에 많은 영향을 미친다. 이전에 들었건 처음 접하는 내용이건 중요하지 않다. 스트레스로부터 자신을 보호하고 기분을 나아지게 하며 자신감을 높이기 위해 이 지식을 활용해보라.

물론 자세를 바꾸거나 더 많이 웃는다고 해서, 그 자체가 우울증 치료를 대체할 수 있는 것은 아니다. 다만 보다 의식적인 신체 움직임을 통해 우리의 정신 건강을 향상시킬 수 있다는 점을 말하고 싶다. 그다지 어려울 것도 없다. 아침마다 부엌 식탁 앞에서 2분 동안 슈퍼맨 자세를 취한 다음 자신감과 테스토스테론을 가득 채워서 하루를 맞이해보라!

생각만 해도
식은땀이 흐른다면…

- 두려움의 이해 -

두려움이 무엇인지 알아야
용기가 생긴다.

- 《아스테릭스 4: 바이킹을 물리치다》

——— 사실 두려움이야말로 놀라운 감정이다. 두려움이 없다면 우리의 평균수명은 극적으로 감소할 것이다. 어떤 행동으로 인해 자신이 위험에 처할 수 있다는 사실에 대해 더는 걱정하지 않을 테니 말이다. 더 이상 두려움을 느끼지 않는다면 우리는 들쥐 떼처럼 절벽에서 뛰어내리거나, 6차선 고속도로에서 눈을 감고 운전하거나, BVB(독일 축구팀-옮긴이) 유니폼을 입고 샬케 팀 응원석에 앉는 일을 마다하지 않을 것이다.

두려움은 뇌의 경보 시스템을 활성하시키고, 우리가 위험에서 벗어나는 데 필요한 모든 자원을 가동한다. 위험한 동물을 보고 겁에 질렸던 우리 조상들은 생존 게임에서 확실한 우위를 점했다. 반면 두려움 없이 위험에 맞섰던 사람들은 검치호랑이의 먹이가 될 가능성이 높았다. 번식의 기회는 당연하게도 오직 살아 있는 사람만 얻을 수 있는 법. 궁극적으로 우리는 모두 '겁 많은 고양이'의 후

손인 셈이다. 다윈의 적자생존 법칙도 이에 바탕을 두고 있다.

오늘날 우리가 일상에서 검치호랑이를 비롯한 맹수의 공격을 받을 확률은 매우 낮다. 그런데도 우리는 활성화된 경보 반응의 영향을 자주 경험한다. 과도한 업무에 시달릴 때, 열띤 토론 속에서 공격받는다고 느낄 때, 또는 청중 앞에서 발표하라는 요청을 받을 때 심장박동이 빨라지고, 근육이 팽팽해지며, 손에 땀이 나고, 떨리거나, 화장실에 자주 가고 싶어진다. 어쩌면 당신도 그런 순간들에 익숙할 것이다. 하지만 이제 자신에게 이렇게 말해보자.

"좋아, 그렇다고 겁먹을 필요는 없잖아!"

세계문학의 걸작인 《아스테릭스 4: 바이킹을 물리치다》를 간단히 살펴보자. 시대를 초월한 멋진 콧수염을 지닌 주인공, 골족의 영웅은 두려움을 모른다고 주장하는 강한 전사들인 바이킹을 만난다. 바이킹은 "두려움이 날개를 달아준다"라는 말을 듣고는 '두려움'이란 전술을 받아들이고 싶어 한다. 그러다 마을의 음유시인 트루바딕스의 끔찍할 정도로 엉망진창인 노래를 듣게 되었을 때, 마침내 두려움이 이들을 압도한다. 바이킹의 우두머리는 음유시인이 또다시 노래를 부른다고 생각하는 것만으로도 무릎이 떨리고, 이가 달그락거리며, 식은땀이 나고, 배를 움켜쥐게 된다고 호소했다. 그러자 아스테릭스가 소리쳤다.

"한마디로 겁에 질렸군요!"

이 영리한 골족의 영웅은 핵심을 파악했다. 일상적으로 스트레스를 받는 상황을 포함해 위험에 직면했을 때, 우리는 주관적으로 인식된 위협에 대한 논리적 반응을 경험한다. 객관적으로 실제의 위험이 있든 없든 상관없이 말이다. 이때 발생하는 감정을 '두려움'이라고 한다. 하지만 우리는 이 감정을 언급하는 일이 쉽지 않다고 생각한다. 아마도 사회화 때문일 것이다. 오늘날 두려움은 나약함으로 받아들여지며 수치심을 유발한다. 그러므로 두려움을 인정하는 데는 많은 용기가 필요하다. (이 얼마나 역설적인가?)

하지만 이는 어쩌면 우리가 감정에 접근하는 방법을 잘 몰라서일 수 있다. 학교에서 우리는 수학 공식과 영어 단어를 배우지만 감정을 해독하는 방법은 배우지 않는다. 따라서 정서적 지능이 충분히 발달하지 않은 사람은 두려움과 같은 감정에 대해서는 전혀 이해할 수 없으며, 엉뚱한 배출구를 찾으려 한다. 이 경우 정서적 스트레스는 심리적으로 표출되곤 한다. 불안 장애와 심신증 치료에서 심리 교육은 중요한 치료법이라는 사실이 입증되었다. 신체적 반응과 심리적 반응 사이의 연관성에 대한 지식을 전달한다는 의미에서 그렇다. 스트레스를 받고 불안한 상황에서 우리 몸이 왜 그렇게 반응하는지 설명할 수 있다면 통제력도 커질 수 있다.

불안 장애에 시달리는 환자는 생물학적 연관성을 이해하고 자신의 신체 반응을 구체적으로 분류할 수 있을 때, 엄청난 안도감을

느낀다. 제대로 인식하고 이해하면 두려움이 한결 사그라지는 것
이다. 공황 발작이 일어나는 동안 본인이 느끼는 생리적 변화(심장
두근거림, 현기증, 과호흡 등)는 위협적인 데다, 결과적으로 악순환을
불러올 수 있다는 인식으로 인해 더 큰 불안을 일으킨다.

두려움   신체적 증상

공황 발작이 심장마비나 실신으로 이어질 수 있다는 것은 생각만
으로도 무섭다. 하지만 생물학적 관점에서 볼 때 이 둘 사이에는 직
접적 연관성이 없다. 적어도 이전의 병력이 없다면 말이다. 공황 발
작으로 인한 심장마비의 위험은 고강도 운동, 심지어 계단을 빨리
오를 때의 심장마비 위험보다 높지 않다.

오늘날 공황 발작은 매우 흔한 증상일 뿐 아니라 일반적인 정신
질환 중 하나다. 즉 당신도 영향을 받을 가능성이 낮지 않은 것이다.
통계적으로 세 명 중 한 명은 삶의 어느 시점에 불안 장애를 겪을 수
있으며,[1] 보고되지 않은 사례의 수는 훨씬 더 많을 것이다. 만약 현

재 공황장애를 겪고 있다면 당신이 혼자가 아니라는 사실을 알아야 한다. 그보다 훨씬 더 중요한 것은 공황장애는 위험하지 않으며 일반적으로 치료의 가능성이 매우 높다는 사실이다. 즉 치료가 가능하다는 것이다!

공황장애를 겪지 않더라도 두려움에 대한 자신의 신체 반응을 잘 알아채고 이해한다면, 스트레스 상황에 더 잘 대처하고 정신적·육체적 스트레스를 예방할 수 있을 것이다. 그전에 다른 질환이 없었다면 그 가능성은 더 커진다. 라자루스와 포크먼[2]의 '교류 스트레스 모델'은 스트레스를 받는 상황에서 개인적 부담이 매개변수에 의해 결정된다고 설명한다. 하나는 힘든 상황에 대한 주관적 평가(위험한

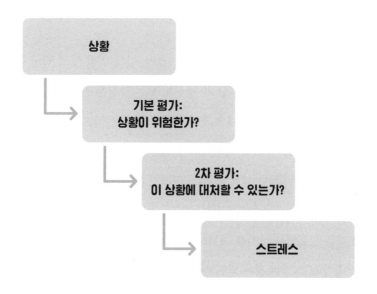

상황인가 아닌가?)이며, 다른 하나는 자신의 자원과 능력에 대한 주관적 평가(상황에 대처하는 나만의 자원이 충분한가?)다.

스트레스 대처에 있어서는 스트레스 상황의 객관적 특성뿐 아니라 자신의 주관적 평가도 중요하다. 자신이 적절한 대처로 스트레스를 통제할 능력이 있는지 의문을 품는다면 스트레스 증상이 더 크게 나타날 수 있다. 반면 물리적 스트레스 반응은 어려운 상황에 잘 대처하기 위한 보호조치로, 긍정적 의미가 있다고 받아들인다면 스트레스 통제력이 증가할 수 있다. 다시 말해 우리가 스트레스를 잘 이해하고 건설적으로 평가할 때 불안감과 스트레스 증상은 줄어든다. 그런데 우리가 스트레스를 받을 때 생리적으로는 어떤 반응이 일어날까? 신경과학자 조지프 르두가 쓴 책《느끼는 뇌》를 통해 이를 좀더 살펴보자.[3]

당신이 숲속을 걷고 있다고 상상해보라. 갑자기 발 앞에 뱀이 쓱 나타났다. 이제 어찌해야 할까? 당신이 보는 광경은 처음에는 단 하나에 불과하다. 이는 눈에 포착되어 뇌의 인식 센터로 전달된 시각적 정보라고 할 수 있다. 자신이 처한 상황을 이해하려면 이 시각 정보를 반드시 해독할 필요가 있다. 그러기 위해 당신이 본 이미지는 뇌 뒤쪽에 있는 시각 피질로 보내진다. 거기서 다른 뇌 영역과의 상호작용을 통해 이미지를 해석하기 때문이다.

'내가 보고 있는 것은 뱀인 것 같다.'

그런 다음 뇌는 뱀에 대한 사전 지식을 활성화한다. 뱀에게 물리면 위험할 수 있다는 사실도 이에 포함되어 있다. 그리하여 대뇌 피질은 당신 앞에 위험이 닥쳤다고 결론을 내리고 경보음을 울린다. 뇌의 경보 센터는 편도체다. 편도체는 시상하부의 부신 피질을 자극하여 스트레스 호르몬(아드레날린 포함)이 분비되도록 한다. 그렇게 되면 실제로 일이 시작된다. 온몸이 반응하면서 발목을 부여잡고 비명을 지르며 물러서는 것이다.

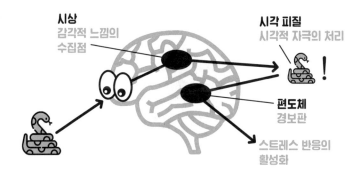

보는 것에서부터 지각하고, 해석하고, 반응하는 이 모든 과정은 보통 1초도 채 걸리지 않는다. 이것이 꽤 빠르다고 생각할 수도 있다. 하지만 그렇지 않다! 사실 1초가 안 되는 시간이 어떨 때는 너무 길다. 예를 들어 우리는 선을 넘는 것이 좋은지 아닌지를 판단하기도 전에 이미 선을 밟고 있는 경우가 많다. 과속하면서 달려오는 차를 보고 옆으로 비켜야 할지 말지를 결정하기도 전에 그 차는 이미 지나갔을 수 있다.

즉각적 위험에 적절하게 반응하기 위해서, 우리 뇌는 때때로 기어를 재빨리 바꿀 줄 알아야 한다. 자연이 우리에게 지름길을 제공한 이유는 바로 이 때문이다. 지각 중추와 경보 중추 사이의 신경 경로는 피질의 이전 경험에 대한 해석을 거치지 않고, 편도체가 즉시 활성화되도록 한다. 다시 말해 경보 센터는 합리적 분석을 담당하는 뇌의 부분과 상의 없이도 상황을 통제할 수 있다.

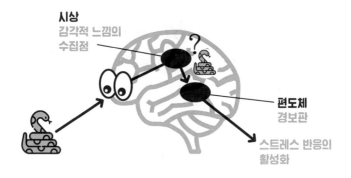

시상
감각적 느낌의
수집점

편도체
경보판

스트레스 반응의
활성화

눈앞에서 흘깃 뭔가 위험한 것이 보였거나, 갑자기 이상한 소리가 들려 저절로 펄쩍 뛰어오르는 순간을 우리는 알고 있다. 뱀과 닮은 막대기나 나무뿌리만으로도 우리의 스트레스 시스템은 금세 활성화될 수 있다. 정원의 호스가 나를 물어뜯을 가능성이 없다는 결론에 도달하기도 전에, 호스만 보고도 우리의 몸은 한껏 움츠러드는 것이다.

우리가 어떤 상황에서 위협을 느끼고 편도체가 경보를 울릴 때 스트레스 호르몬이 혈액으로 배출된다. 그럼 우리가 의식적으로 조절할 수 없는 자율신경계의 활성화를 담당하는 영역(교감신경)이 활동을 시작하고, 이완과 재생을 담당하는 반대 영역(부교감신경)은 억제된다. 결과적으로 신체는 더 많은 에너지를 생산하고 혈류를 재분배한다. 위험한 상황에서 우리의 생존을 보장해야 할 모든 기능이 우선으로 에너지를 공급받으며, 덜 중요한 기능은 단기적으로 억제된다. 이런 배경에서 보자면 귀찮고 때로 무섭게 다가오는 불안과 스트레스 증상도 그 자체로 중요한 의미가 있는 것이다.

- 가슴 두근거림, 머리의 압박감, 손발의 따끔따끔함
  - 심박 수와 혈압을 증가시킴으로써, 혈류가 개선되고 에너지가 근육으로 향할 때의 증세다.
- 긴장, 떨림, 무릎이 후들거리고 목이 막히는 증세
  - 근육으로 가는 혈류량이 증가하여 근육이 긴장된다. 따라서 위험에 직면했을 때 우리는 도망가거나 맞서 싸우게 된다.
- 숨이 가쁘고 현기증이 난다
  - 혈액 속으로 더 많은 산소를 끌어들이기 위해 호흡이 증가한다. 즉 에

너지의 생성을 가속화시킨다.

- **뜨겁게 달아오르는 몸**
- 근육의 에너지 소비는 체온을 높여준다.

- **땀과 한기, 소름의 증가**
- 땀을 흘리는 동안 열이 증발하고 냉각됨으로써 체온이 일정하게 유지된다. 땀을 흘리는 것은 신체의 에어컨 시스템이다.

- **메스꺼움과 설사, 요의**
- 내부 장기로의 혈액 공급이 감소함에 따라 비핵심적 대사 기능이 억제된다.

- **집중이 어려움**
- 대뇌로의 혈액 공급이 감소하여, 이성적 성향의 사람이 충동적으로 변한다. 하부 뇌 영역의 도식화된 반응 패턴보다 대사 처리 과정이 대폭 생략된다. 이것은 우리 몸이 신속하게 문제를 해결하도록 반응하게 하지만 동시에 거짓 경보도 자주 발생하게 한다.

- **달콤하거나 기름진 음식의 필요성**
- 혈액 속 에너지 운반체(포도당과 지방)가 증가하는데, 이는 근육을 활성화하기 위해 세포에서 더 많은 에너지가 생성된다는 사실을 의미한다.

스트레스라는
보호 장치

가끔 불안감이나 스트레스 증상이 찾아온다면 그 이면의 생물학적 설명들을 이해하려 노력해보자. 스트레스에 관해 좀더 공부해보라. 아무리 쓸모없고 불편하게 여겨지더라도 모든 신체적 변화는 나름의 기능이 있다. 생물학적 연관성을 더 잘 이해할수록 상황에 대한 통제력은 커질 것이다. 우리는 잘 모르는 것을 두려워할 뿐이다. 아는 것이 힘이다.

단기적인 스트레스는 닥칠 수 있는 위험에 대비하는 데 도움이 된다. 아드레날린의 분비는 우리를 더욱 기민하고 효율적으로 만들고, 질병으로부터 우리를 보호하기 위해 면역 체계를 강화한다. 하지만 스트레스에 길게 노출되면 문제가 발생할 수 있다. 우리 몸이 아드레날린뿐 아니라 스트레스 호르몬인 코르티솔도 분비하기 때문이다. 이는 몸의 기능과 경각심을 더 오래 유지하기 위한 것이다. 코르티솔은 면역 체계에 부정적 영향을 미치고, 수면 호르몬인 멜라토닌의 생성을 억제한다. 게다가 코르티솔은 결승선을 통과하기 위해 안간힘을 써서 마지막 자원을 동원한다. (나중에 건강과 수면의 질도 살펴보기로 하자.) 그런데 결승선이 잘 보이지 않는다면, 우리는 정신적으로 지칠 뿐 아니라 신체적으로도 아플 수 있다. 이런 현상은 주말이나 휴가 때와 같이 몸이 쉴 때 종종 일어난다. 이를 '휴가병'이라 부르기도 한다. 코르티솔이 가진 항염증 효과로 인해 스트레스 호르몬이 서서히 사라질 때 감추어져 있던 질병이 드러나는 것이다. 이는 대체로 근사한 휴가 기간에 찾아와서 부담을 가중한다. 그러므로 스트레스로 인한 증상은 한창 일할 때뿐 아니라 휴식 중 배터리를 제대로 충전할 수 없는 경우에도 발생할 수 있다.

우리가 계속 경계심에 시달리거나 모든 것에 끊임없이 짜증을 내는 경우 스트레스 호르몬은 지속해서 분비되고, 우리 몸은 지나치게 자주 스트레스 상태에 놓이게 된다. 장기적으로는 장기 손상 및 관련 질병을 불러올 수 있다. 여기에는 고혈압과 같은 심혈관계 질병, 천식과 같은 호흡계 질병, 근육 및 골격계 질병, 위장 질병, 피부 질환 그리고 대상포진과 같은 신경계 질환 등이 포함된다. 지속적인 스트레스는 건강 민감성을 증가시키고, 질병을 유발하거나 면역 체계를 약화할 수 있다. 높은 수준의 스트레스를 경험하는 사람들이 사망 가능성이 더 크다는 연구 결과도 있다. 장기적 스트레스로 인해 심혈관계에 영향을 미치는 질병이 발생해, 혈관이 수축하는 것이 주된 요인으로 보인다. 하지만 자세히 살펴보면 이 같은 연관성은 자신의 스트레스 수준이 건강에 해로울 정도로 높다고 평가하는 사람들에게서 주로 나타나는 것으로 밝혀졌다.[4]

스트레스 유발 상황에서 압박감이 활성화되는 이유가 어려움에 대처하기 위한 반응이라는 사실을 깨달은 피실험자들은 집중적이고 자신감 있는 방식으로 대응했다. 또한 스트레스를 해로운 것으로 인식한 이들과 비교했을 때 신체적 건강 면에서도 많은 차이를 보였다. 두 그룹 모두 심박 수가 증가했지만, 스트레스를 도전에 대한 건강한 반응으로 평가한 그룹에서는 혈관이 수축하지 않았다.[5]

도구 77
스트레스
재평가하기

건강에 해로운 것은 스트레스 자체가 아니라 스트레스에 대한 우리의 평가다. 스트레스 상황의 물리적 과정을 잘 이해하면, 스트레스에 대한 내성이 증가할 뿐 아니라 잠재적으로 해로운 생리적 반응도 예방할 수 있는 것이다. 그러므로 스트레스로부터 자신을 보호하고 싶다면 먼저 스트레스의 의미를 다시 평가해보기 바란다. 스트레스를 받는 상황에서 종종 긴장감과 심리적 불만(소화, 긴장성 두통, 수면 장애 등)에 시달린다면 자신에게 다음과 같이 설명해보라.

- 내가 지금 느끼고 있는 감정에는 이름이 있다. 바로 '두려움'이라 불리는 것이다.
- 불안은 신체의 정상적인 보호 반응이다.
- 두려움은 위험하지 않다. 불안으로 인한 신체적 반응은 일반적으로 운동으로 유발될 수 있는 반응과 비슷하다.
- 내 몸은 위험을 알아채고 더 잘 반응할 수 있도록 스트레스 시스템을 활성화하는 과정에 있다. 내 몸은 적이 아니라 동지이다. 동지와 싸우지 말자.

스트레스와 신체적 연관성을 잘 이해하고 건설적인 평가를 함으로써, 스트레스에 대한 내성이 생기고 질병을 예방하는 데 도움이 된다. (두려움은 우리에게 날개를 달아준다.) 우리는 모두 너무 많은 스트레스에 시달리기 때문이다. 진화의 관점에서 보자면 스트레스와 불안감은 임박한 위험에 대한 우리 몸의 반응이므로, 우리 몸이 하는 말을 듣는 것이 나쁠 리 없다.

긴 칼로 저글링을 하는 유튜버를 본 뒤 그 기술을 배운답시고 스스로 온갖 스트레스를 받고 있다면, 그게 그리 멋진 생각이 아니라는 사실을 당신의 몸이 역설하고 있는 것일지도 모른다. 그러니 몸이 스트레스에 반응하는 이유를 이해하고, 스트레스 반응을 유용한 보호 기능으로 판단함으로써 스트레스에 대한 내성을 키워보도록 하자.

하지만 스트레스가 건강을 해친다고 느껴지거나, 심리적인 고단함과 불안감으로 고통받으며, 수면의 질이 떨어지거나, 집중적 업무 수행 후 정기적으로 아프다면 이 모든 것은 당신이 기어를 낮추어야 한다는 신호일 수 있다. 두려움과 스트레스는 우리에게 날개를 달아줄 수 있지만, 날개가 있어도 우리는 추락할 수 있다.

PART

5

관계의 도구

CHAPTER

지금, 폭발 일보 직전인
당신에게

- 스트레스 관리법 -

휴식도 음악의 한 부분이다.

– 슈테판 츠바이크

―― 폭발하기 일보 직전이라고 느낀 순간이 있는가? "한 사람만 더 나를 흔들면 나는 폭발하고 말 거야!" 우리 모두에겐 자신이 감당할 수 있는 최대 수준의 스트레스가 있다. 그 문턱을 넘어서면 한계에 도달하고 우리 몸은 불안이나 우울증 혹은 탈진과 같은 반응을 보인다. '취약성-스트레스 모델'은 우리는 모두 기본적으로 스트레스에 취약한 긴장도를 갖고 있다고 가정한다. 이 취약성은

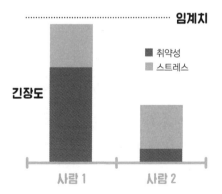

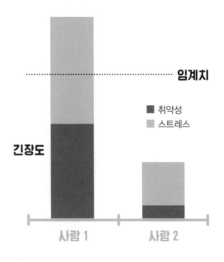

임계치

■ 취약성
■ 스트레스

긴장도

사람 1   사람 2

사람마다 다르다. 깊은 이완 상태에서 삶을 느긋하게 활공하는 사람이 있는가 하면, 퓨즈가 너무 짧아서 금세 임계치를 넘어버리는 사람도 있다.

물론 우리가 느끼는 스트레스 수준은 추리닝을 입고 소파에 누워 쉴 때도 느끼는 기본적 긴장도에 의해서만 결정되는 것은 아니다. 일반적 취약성에 더해 일상적 스트레스도 있다. 이미 지각하게 생긴 상황에서 도로 위에 겹겹이 켜져 있는 빨간 신호등, 자동 저장 모드가 꺼진 상태에서 툭 떨어진 노트북, 나의 죄의식을 건드리는 보행자 구역에서의 그린피스 활동가들의 환경 시위…. 이 모든 것들이 나의 스트레스에 이바지한다.

이러한 일상적 요인들과 비교하면 극단적인 삶의 사건들(직장을 잃거나, 사고를 당하거나, 파트너와 이별하는 것)은 스트레스 수준에 당연히 훨씬 더 큰 영향을 미친다. 더욱이 기본적으로 긴장도가 높은 사람은 치명적 사건뿐 아니라 사소한 요인에 의해서도 종종 스트레스 임계치에 도달한다. 반면 기본적 긴장도가 낮은 사람들은 스트레스에 대한 저항력이 크다. 심지어 스트레스가 가득 찬 상황에서도 반드시 임계치에 도달하지는 않는다.

이는 빗물받이에 비유할 수 있다. 애초에 빗물받이에 물이 많이 차 있는 경우에는, 물을 받을 수 있는 공간이 모자라고 금세 통이 넘치게 된다.

스트레스 요인을 미리 차단하는 것은 하나의 방법일 수 있다. 기차를 타고 출근하거나 작업한 파일을 매분 저장하거나 그린피스의 시위 현장을 피해서 가는 방법도 있다. 집 안에 벙커를 만드는 방법도 있고 말이다. 하지만 그렇다고 해서 잠재적 스트레스 요인으로부터 스스로를 100퍼센트 보호할 수는 없다. 세상에는 예측할 수 없고 통제할 수 없는 일이 항상 있기 때문이다. (어쩌면 그린피스 회원이 당신의 집 문을 두드릴 수도?) 따라서 취약성의 수준을 낮추는 것이 더 흥미로운 방법일 테다. 예를 들어 당신의 빗물받이에 살짝 구멍을 내어 미리 긴장을 어느 정도 배출시킨다면 공간도 더 많이 확보될 것이고, 통이 넘치려면 훨씬 더 오랜 시간이 걸릴 것이다.

몸과 마음의 건강에 이바지할 수 있다면 무엇이든 좋다. 특히 신체적으로 휴식을 취할 수 있는 활동(스포츠, 웰빙 활동)은 치료 효과까지 포함한다.

대부분의 사람들은 퇴근 후 소파에 늘어져 TV를 시청하는 일을 '충전'으로 여긴다. 또는 토요일 오후까지 늦잠을 자거나, 오랫동안 기다려온 주말에 아무것도 하지 않고 쉬는 것을 '휴식'이라고 생각한다. 그때까지는 이를 악물고 참아야 한다! 하지만 마침내 그때가 온다 해도 통을 비우기까지는 매우 긴 시간이 걸린다. 드디어 빗물받이가 다 비워지면? 이제 자러 갈 시간이다. 아니면 주말 혹은 휴가가 이미 끝나 있거나.

하루 동안의 스트레스와 시간의 관계를 그래프로 표현한다면 다음과 같을 것이다.

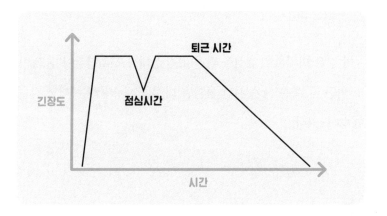

우리 대부분은 회사에 도착하자마자 긴장도가 고조된다. 긴장은 나머지 시간 동안 계속 상승 상태를 유지하다가, 점심시간 동안 잠깐 감소한다. 그리고 퇴근 후 마침내 천천히 가라앉는다. 긴장도가 완전히 낮아지는 순간 하루는 끝난다. 이에 짧은 휴식을 자주 취하는 방법도 살펴볼 필요가 있다.

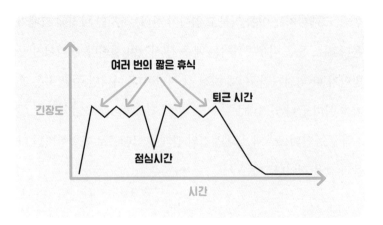

이 같은 방식으로 휴식을 취한다면, 상대적으로 긴장이 덜 쌓이고 퇴근 후 혹은 여가 시간 동안 에너지를 재충전하는 데 시간을 덜 쓸 수 있다.

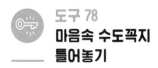

도구 78
마음속 수도꼭지
틀어놓기

스트레스에 대한 내성을 기르고 싶다면 일상생활 속에 짧은 휴식을 의식적으로 포함시켜보자. 가령 5분 동안 시간을 내어 밖으로 나가 신선한 공기를 마시거나, 창밖을 내다보거나, 눈을 감고 편안한 음악을 듣거나, 휴가철 해변에서 찍은 사진을 감상하거나, 차

한잔을 마시거나, 유튜브로 레고 블록을 쌓는 영상을 감상하는 것도 좋다. 규칙적인 짧은 휴식은 스트레스 수준이 높아지지 않도록 돕는다. 그리하여 일을 마친 후 더 빨리 스트레스에서 회복되며, 삶의 여유를 즐기기 위한 에너지를 남겨둘 수 있다. 하루에 여섯 번을 쉬더라도 그 시간은 30분에 지나지 않는다.

"휴식을 더 자주 취하고 싶기야 하지만, 그럴 시간이 대체 어디 있나요?" 당신은 이렇게 반문할 수도 있다. 심리 치료사 호르헤 부카이가 책에서 들려준 부지런한 나무꾼의 이야기와 다르지 않다. 이야기는 다음과 같다.[1]

옛날에 목재 회사에서 일을 시작한 나무꾼이 있었다. 월급도 괜찮은 편이었고 근무 환경도 매력적이어서, 나무꾼은 회사에 좋은 인상을 남기고 싶었다. 첫째 날 나무꾼은 감독관에게서 도끼를 넘겨받았고 숲의 한 구역을 벌목하도록 배정받았다. 나무꾼은 열정적으로 작업에 임했다. 그리하여 단 하루 만에 열여덟 그루의 나무를 베었다. "대단하구먼!" 감독관이 감탄했다. "계속 열심히 하게나!" 칭찬에 고무된 나무꾼은 다음 날에는 더 나은 결과를 얻겠다고 결심했다. 그는 그날 밤 일찍 잠자리에 들었다.

다음 날 아침 그는 다른 사람들보다 먼저 숲으로 갔다. 하지만 아무리 열심히 노력해도 열다섯 그루 이상은 베지 못했다. 그는 '어제 너무 과로했던 모양이야'라고 생각했고, 그날은 해가 지자마자 잠들기로 했다.

다음 날 그는 꼭 열여덟 그루의 기록을 뛰어넘기로 하고 새벽에 일어났다. 하지만 중간에도 미치지 못했다. 다음 날에는 일곱 그루밖에 자르지 못했고 그다음 날에는 다섯 그루를, 마지막 날에는 온종일 씨름했지만 겨우 두 그루밖에 자르지 못했다. 감독관에게서 질책을 들을까 걱정된 나무꾼은 그간의 일을 설명하며, 지쳐 나가떨어질 때까지 열심히 일했다고 변명했다. 감독관이 나무꾼에게 물었다.

"마지막으로 도끼날을 간 적이 언제요?"

"도끼날을 간다고요? 그럴 시간이 없었어요. 나무를 자르느라 너무 바빴거든요."

장기적으로 신체적 긴장을 줄이는 데는 '체계적 이완법'이 이상적이다. 이완법은 효과적인 위기관리 도구가 될 수 있다. 스트레스를 받는다는 것을 깨닫는다면 이를 '마음속 수도꼭지'를 여는 기회로 삼는 것도 좋다. 이완 연습은 긴장을 낮추어 짧은 동안이나마 스트레스 수준을 자동으로 감소시킨다. 훈련을 거듭할수록 이 방법은 점점 효과적이 된다.

하지만 체계적 이완법이 오로지 위기관리의 수단으로만 사용되는 것은 아니다. 일상생활에 체계적으로 접목한다면 이는 훨씬 더 흥미로운 예방책으로 활용될 수 있다. 충치를 예방하고자 매일 이를 닦듯이 마음속 수도꼭지를 규칙적으로 틀면, 스트레스 수준은 지속해서 낮게 유지된다. 이미 충치가 생긴 뒤 양치를 열심히 하는 것은 소용없듯, 스트레스가 너무 커진 후 예방하려는 노력은 의미가 없다. 이런 의미에서 체계적 이완은 스트레스에 대한 저항력을 기르는 훈련이라 볼 수 있다.

혹시 당신은 이완 훈련을 생각하기만 해도 긴장하는 타입인가? 요가 매트에 누워 "당신은 새소리에 취해 있는 아름다운 나무"라고 얘기해주는 은은한 목소리를 듣고 있는 장면을 상상만 해도, 심장박동 수가 증가하는가? 그렇다면 이완 훈련을 통해 훨씬 더 많은 이득을 얻을 수 있다고 생각하자. 치료의 경험을 통해 나는 휴식과 이완이 자신들에게 꼭 필요한 것이라 확신하는 환자들이 훨씬 나은 결과를 얻는다는 사실을 확인했다(제대로 실천만 한다면 말이다).

어쩌면 당신은 이완의 기술에 대해 곰곰이 평가하고 싶을 수도 있다. '나는 나무'라고 상상하는 명상법이 말이 안 되는 것은 아니지만, 당신에게 어울리는 방법은 따로 있을 수 있다. 정신적 이완 시장은 날이 갈수록 감당하기 어려워질 만큼 거대해지고 있다. 온라인 서점이나 동네 서점의 심리학 코너에서 정신 이완법을 찾아보면, 숱하게 많은 책을 볼 수 있다. 과학적으로 입증된 이완 기술은 복잡한 접근법과 그 효과를 도무지 알 수 없거나 제대로 연구되지 않은 난해한 명상법과 맞물려 소개되는 경우가 많다. 그렇지만 이 모든 것들도 나름의 도움이 될 수 있다. 하지만 당신이 빗물받이의 새로운 배출구를 찾고 있다면 보다 효과적으로 입증된 다음의 세 가지 방법을 참고해보기 바란다.

도구 79
긴장과 이완을
반복하기

제이콥슨의 점진적 근육 이완법PME은 신체적 긴장과 이완 사이의 상호작용에 바탕을 둔 기술로, 거의 100년이 된 방법이다.[2] 우선 신체의 개별적 부분들을 차례로 긴장시키고, 그 긴장을 짧게 유지한 다음 긴장을 푼다. 먼저의 긴장으로 인해 이후의 이완을 더 명료하게 인식할 수 있고 따라서 긴장이 더 쉽게 풀릴 수 있다. 이 방법은 매우 과학적이고 체계적인 것으로 스트레스 예방뿐 아니라 불안 장애, 고혈압, 수면 장애, 통증 장애의 치료에 효과적이라는 사실이 입증되었다.

도구 80
편안함을
상상하기

슐츠의 자율 훈련법AT은 PME만큼이나 오래되었고 과학적으로 그 효과가 입증되었다. 여기서는 자기암시를 통한 이완이 이루어 진다.[3] 명확하게 구성되고 단계별로 이루어지는 상상을 통해, 편안 함을 동반하는 유쾌한 신체감각이 촉발된다. AT는 전반적으로 스 트레스 내성을 증가시키는 데 효과적인 것으로 나타났으며 만성 통증에도 권장된다.

도구 81
지금,
이 순간에 집중하기

존 카밧진의 '마음챙김에 근거한 스트레스 완화MBSR'는 주의 집중 을 통해 판단을 배제한 채 마음을 들여다보는 역량을 가르치는 수 행 프로그램이다.[4] 신체 치료법과 선불교의 명상법을 기반으로 한 방식으로 지금, 이 순간을 의식적으로 알아차리는 훈련에 초점을 맞추고 있다. 오늘날 수많은 연구를 통해 스트레스와 불안, 우울증 을 다루는 데 이 방식의 탁월함이 입증되었다.

이 세 가지 방식은 책이나 CD, 앱 등 다양한 루트를 통해 접할 수 있다. 인터넷에서 영상 등의 자료도 찾을 수 있다. 또 AT나 MBSR 과는 달리 PME는 보다 능동적으로 긴장을 풀기 어려운 사람들이 접근하기 쉬운 방식이다.

스트레스를 예방하기 위한 출구로 이용할 수 있는 다른 방법으로는 명상이나 운동, 상상 여행, 바이오 피드백이나 최면요법, 요가 등이 있다. 클래식 음악 감상이나 산책 또는 거품 목욕 등도 잠재적으로는 이완을 위한 방법이 될 수 있다. 하지만 분명 이렇게 말하는 독자분도 있을 것이다. "좋아요, 그런데 이완 훈련에 대한 이 책을 아무리 읽어도 이완법이 뭔지를 도무지 모르겠군요." 그렇다면 당장 분명한 효과를 볼 수 있는 매우 간단한 기술을 한번 살펴보자.

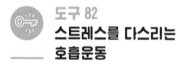

도구 82
스트레스를 다스리는
호흡운동

호흡운동법은 셀 수 없이 많다. 예를 들어 CD나 명상앱 및 유튜브 영상의 기본 지침은 정해진 리듬을 따를 것을 제안한다. 가령 X초 단위로 들이쉬고 Y초 단위로 내쉬라는 것이다. 숨쉬기를 시각화하여 점점 커지거나 작아지는 동그라미로 상상하는 것도 좋다. 또한 빨대를 통해 숨을 들이쉬거나 내쉬는 방법도 있고, 눈앞에 촛불을 켜두고 가능한 오랫동안 집중해서 들여다보는 훈련도 가능하다. 모든 효과적인 호흡운동은 같은 원칙에 근거한다. 가능한 한 오랫동안, 그리고 침착하게 숨을 내쉬는 것이 중요하다.

스트레스를 받을 때 우리의 호흡은 자동적으로 그 흐름이 바뀐다. 즉 점점 더 빨라지고 높낮이가 없어진다. 호흡수가 증가하고 가슴호흡이 많아진다(숨을 쉬는 동안 복부는 움직이지 않고 흉부만 오르내리게 된다). 흉부 호흡수의 증가와 지속적인 흉부 호흡은 스트레스의 주요한 신호다. 호흡의 급격한 증가로 인해 산소와 이산화탄소의 구성이 변화하고, 그 결과 혈액 내 pH값이 변화하기 때문이다. 교감신경계가 활성화되고 스트레스 지수가 상승하게 된다.

이완 시 호흡수는 분당 15회를 넘지 않아야 하며, 복식호흡이 이루어지는 것이 바람직하다. 숨을 들이마실 때 가슴이 아니라 상체의 아랫부분이 팽창하는 것이 좋다는 뜻이다. 긴장했을 경우 의식적으로 느긋하고 침착하게 숨을 내쉬면, 산소와 이산화탄소의 구성이 정상화될 수 있다. 근육이 이완되고 부교감신경계가 일반적인 이완 반응으로 이어진다.

호흡운동은 규칙적인 이완 기술로 실천하기 좋은 방법이다. 우리는 모두 사는 동안 숨을 쉬지 않는가. 호흡을 더 나은 방법으로 자주 해줌으로써 이완의 상태에 도달하는 것이다. 이러한 이완 운동이 일상생활에 최대한 쉽게 자리 잡을 수 있도록, 주어진 리듬을 따르거나 앱을 이용하기보다는 다음의 적극적 요소에 집중하라고 제안하고 싶다.

1. **느린 호흡**: 코로 천천히 숨을 들이마시고 나서, 가능한 한 오랫동안 숨을 내쉬어보라. 이를 위해서는 휘파람을 불듯이 입술을 살짝 오므리면 좋다. 그리고 오므린 입술 사이로 천천히 숨을 내쉰다. 오므린 입술 모양은 자연스럽게 호흡을 느리게 만드는 저항 작용을 한다. 저절로 숨이 드나들도록 호흡해보라.

2. **복식호흡**: 복식호흡을 위해서는 숨을 들이마실 때 복부에 집중하라. 숨을 들이마실 때는 배가 살짝 부풀어 오르고, 숨을 내쉴 때는 살짝 납작해지는 것을 느껴보라. 이는 별다른 노력 없이 저절로 가능하다. 숨을 들이마실수록 허리는 넓어지고, 숨을 내쉴수록 허리는 좁아진다. 배 속에 풍선이 있다고 상상해보라. 숨을 들이마시면 풍선이 약간 부풀어 오르고, 숨을 내쉬면 공기가 저절로 서서히 빠져나간다.

이 간단한 운동은 단 몇 분이면 충분하다. 장기적으로 스트레스 저항력을 강화하는 차원에서 한 번에 길게 하기보다는 짧게 여러 번 하기를 추천한다. 적어도 하루에 다섯 번 정도는 짧은 호흡운동을 하도록 하라. 스트레스를 받는 상황뿐 아니라 이완된 상태에서도 매우 유용하다.

호흡운동을 잊어버리지 않도록 스마트폰 등에 정기적으로 알림 설정을 해놓는 것이 좋다. 또는 전략적으로 중요한 장소(스마트폰, 차의 백미러, 지갑, PC, 냉장고 등)에 포스트잇이나 작은 스티커를 붙여놓으라. 시선이 갈 때마다 짧은 호흡운동을 해보라. 할 일이 없을 때 이런 호흡법을 일상의 동작과 결합해보는 것도 좋다. 가령 오늘부터는 빨간 신호등을 볼 때마다 호흡운동을 하자. 컴퓨터가 부팅되기를 기다리는 순간에도 호흡운동을 해보자!

계속 훈련하다보면 입으로 숨을 내쉬는 대신 코를 통해 천천히 숨을 내쉴 수 있을 것이다. 이 호흡법은 언제 어디서나 가능하다. 슈퍼마켓의 계산대 앞에서도, 직장의 회의 자리에서도, 자기계발서를 읽을 때도 가능한 것이 바로 호흡운동이다.

자, 이제 당신의 빗물받이의 수위를 잘 살펴보라! 정신 건강과 휴식 관리에 주의함으로써 스트레스로부터 자신을 미리 보호하라. 매일 이를 닦는 것처럼 일상생활에 체계적인 이완 훈련을 구축하라. 당신은 무엇보다 아름다운 나무이므로 그럴 가치가 충분하다.

두려움을
두려워하지 말 것

- 용기라는 무기 -

힘들다고 시도하지 않는다면,
그 때문에 일은 더 힘들어진다.

– 세네카

—— 이성적으로는 위험하지 않다고, 적어도 당신이 무서워하는 다른 것보다는 위험하지 않다는 사실을 알면서도 두려워하는 것들이 있는가? 예를 들자면 매력을 느끼는 사람에게 커피 한잔하자고 말하는 것? 식당에서 주문한 음식이 식어서 나왔을 때 다시 돌려보내는 것? 혹은 번지점프?

우리가 어떤 것을 두려워한다면 의식적, 혹은 무의식적으로 회피하려 할 것이다. 충분히 이해되는 일이다. 우리 대부분은 마조히스트가 아니니까. 그냥 피하면 될 일을 왜 굳이 맞닥뜨려서 자신을 고문하겠는가? 거미를 무서워하는 사람은 직접 지하실에 가는 대신 다른 사람을 보내면 된다. 사람들 앞에서 발표하기가 두렵다면 선생님이 지목할 때 배탈이 났다고 둘러대면 된다. 비행기 타는 것이 너무 무섭다면 발코니에서 휴가를 보내는 것도 괜찮다.

하지만 이런 회피 행동이 항상 인식하기 쉬운 것은 아니다. 어떤 전략은 훨씬 더 미묘하고 명확하지 않을 수 있다. 예를 들자면 생각만 해도 스트레스를 받는 사교 모임에 가려면 먼저 진토닉을 한두 잔 마셔야만 한다. 고소공포증에도 불구하고 계곡 위 다리를 건널 수 있을지는 모르지만, 걷는 동안 계속 하늘에 시선을 두어야 한다. 무서워하는 장소에 가려면 누군가가 함께하거나, 거기 있는 동안 계속 아는 사람과 통화할 수 있어야 한다. 수많은 인파에 대한 두려움에도 불구하고 크리스마스 전에 쇼핑하러 갈 수 있는 것은 진정제를 휴대하고 다니기 때문이다(진정제의 유효기간이 지났고, 굳이 그걸 복용하지 않는다 해도). 아니면 비좁은 엘리베이터에 들어갈 때는 폐소공포증을 극복하기 위해 알파벳 순서로 축구 선수 이름을 떠올려보려 애쓴다.

공포를 유발하는 상황을 완전히 피하든, 아니면 미묘한 회피 전

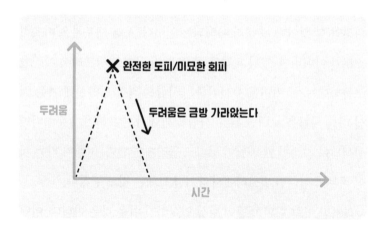

략으로 마주하든 중요한 것은 내가 두려움을 통제할 수 있다는 사실을 경험하는 것이다. 도망가거나 주의를 산만하게 하면 두려움이 바로 줄어든다. 또 애초에 상황을 피하면 두려움을 직면할 일 자체가 없다. 그러므로 이런 회피 전략은 매우 현명하다.

그런데 여기에는 한 가지 작은 함정이 있다. 불안감을 유발하는 상황을 의식적으로 피하기만 한다면, 근거 없는 두려움을 바로잡을 수 있는 새로운 경험을 할 수 없다는 것이다. 심리 치료사 파울 바츨라비크는 그의 저서 《불행으로의 안내》에서 10초마다 손뼉을 치는 한 남자의 이야기를 들려준다. 그런 행동을 하는 이유를 묻자, 그는 다음과 같이 설명한다.[1]

"코끼리를 겁주어 쫓아버리기 위해서죠."

"코끼리요? 하지만 여기에는 코끼리가 없는데요?"

"바로 그거죠! 그래서 없어졌잖아요!"

손뼉 치는 남자는 바보같이 손뼉 치는 것을 멈추지 않는 한, 자신의 박수가 코끼리를 쫓아버리는 마법이라는 믿음을 버릴 수 없을 것이다. 계속해서 손뼉을 치는 한, 박수가 코끼리 퇴치의 비법이라는 추측은 점점 굳어지기만 할 뿐이다.

비합리적인 두려움이 유발되는 상황을 피함으로써 우리는 잠시 두려움을 접을 수 있다. 하지만 다음번에 비슷한 상황을 접하면 또

다시 두려움을 느끼고 그 상황을 피하고 싶어진다. 어쩌면 지난번의 무의식적인 회피가 당신을 구해주었으므로, 이번에는 더 일찍 도망치려 할 수 있다. 지난번은 도망치자마자 기분이 나아졌으니 앞으로도 계속 그렇게 하자!

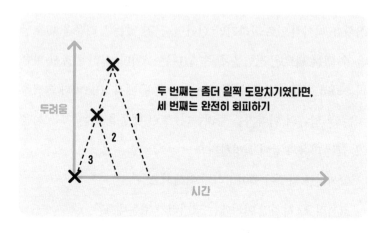

두 번째는 좀더 일찍 도망치기였다면, 세 번째는 완전히 회피하기

그런데 우리가 회피 전략을 포기한다면 어떤 일이 일어날까? 의식적이든 무의식적이든 상황에 대한 두려움은 계속 커지기만 하리라 예측할 수 있다. 그렇다면 언제까지? 당신이 넘어질 때까지, 아니면 죽을 때까지? 혹은 미쳐버릴 때까지? 세상이 멈출 때까지? 이런 질문에는 구체적인 답이 없는 경우가 많은데 이는 막연한 불안함이 널리 퍼져 있기 때문이다. 우리가 오해하는 것 중 하나는 이런 성향의 사람은 늘 매우 높은 불안 수준에 머물러 있으며, 두

려움을 주는 상황을 벗어나야만 안도할 수 있다는 것이다.

하지만 실제로는 무슨 일이 일어날까? 얼마 지나지 않아 두려움은 최고조에 달하게 된다. 하지만 두려움은 무한정 커질 수 없다. 어느 순간이 되면 우리의 스트레스 체계는 쓸 수 있는 모든 에너지(스트레스 호르몬)를 소진하기 때문이다. 그러면 두려움도 정점에 도달하고 그 후에는 자기 갈 길을 가게 된다. 우리 몸은 서서히 상황에 익숙해지고 예상되는 위협이 실현되지 않았음을 깨닫게 되므로, 두려움의 정점에서 무한히 머무를 수 없다.

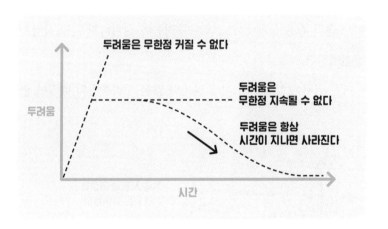

동시에 스트레스 호르몬의 분비가 다시 감소한다. 생리적 적응의 이러한 효과를 습관화라고 한다. 불안감이 가라앉는 데 얼마나 걸리는지는 사람에 따라 천차만별이다. 매우 강한 두려움과 공황 발작의 경우, 감정이 절정에 달하고 다시 가라앉기까지 단 몇 분밖에 걸리지 않는 경우도 많다. 이에 비해 강도가 덜한 두려움의 경우 그 속도가 더 느릴 수 있다. 하지만 결론은 매한가지다. 두려움은 무한정 지속되지 않으며, 회피하지 않고 직면할 경우 상대적으로 짧은 시간이 지나면 줄어들 것이다.

일단 무서운 상황을 뚫고 지나가면 다음번에는 두려움이 한결 줄어들 가능성이 크다. '이젠 견딜 수 있어!'라는 생각이 무의식 속에 새겨지는 것이다. 이제 당신은 불안감이 저절로 사라질 것을 안다. 의식의 습관화가 강화된다. 반복해서 두려움에 직면하게 되면 어느 순간 같은 상황에서도 더는 두려움이 생겨나지 않고 감정은 잔잔해진다.

이런 결과에 도달하기 위해 얼마나 많은 두려움과의 대결이 필

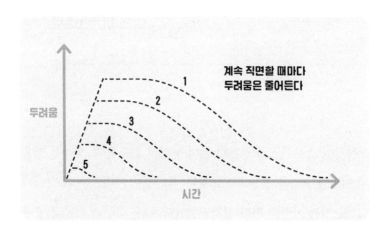

요한지는 사람마다 천차만별일 수 있다. 어떤 경우에는 한두 번의 경험만으로도 두려움을 굴복시킬 수 있다. 그런데 회피 전략은 습관화의 효과를 아예 경험할 수 없도록 막는다. 소극적 전략(어려운 상황을 벗어나고 싶으나, 감히 직면할 수는 없는)도 종종 역효과를 낸다. 습관화의 가능성이 소멸하였으므로 할 수 있는 일이라고는 안보 전략을 고수하는 것뿐이다. 하지만 진정제가 든 가방을 집에 두고 왔다면 어떻게 할까? 같이 있던 일행이 갑자기 자리를 뜨거나, 스마트폰 신호가 안 잡히면 어쩐단 말인가? 사교 모임에 나갔는데 무알코올 음료만 제공된다면 어떻게 하나? 그런 상황에서는 두려움이 결코 사라지지 않았으며, 단지 인위적으로 통제되었을 뿐이라는 사실을 분명히 깨닫게 된다.

또한 회피 전략은 역효과를 유발하고 자기실현적인 예언으로 이어질 수도 있다. 건강을 염려하는 마음에 심장박동 수나 혈압 등을 측정하려고 한다면, 검사하려는 순간부터 심장박동이 증가할 가능성이 있다. 다른 사람들이 당신의 외모를 어떻게 판단하는지 두려워하는 마음이 크다면 웃을 때 치아를 드러내지 않는다거나, 눈썹을 몽땅 뽑아버린다거나, 수영장에서 온갖 방법으로 배에 힘을 주고 서 있거나 하는 행동을 할 수 있다. 하지만 그게 오히려 더 불편해 보이거나 우스꽝스러워 보일 수 있는 것이다. 겨드랑이 밑으로 흘러내리는 땀을 보면 당신이 흥분했다는 사실을 들킬까 싶은 걱정에, 겨드랑이를 꼭 붙이고 있거나 여름에도 재킷을 입고 지낸다면? 바로 그 때문에 겨드랑이에 땀이 더 흥건해질 것이다.

혹시 남들 앞에서 얼굴을 붉히고 싶다면 가장 좋은 방법이 무엇인지 아는가? 얼굴이 빨개지지 않도록 의식적으로 노력하는 것이다. 그러면 머리에 피가 솟구칠 것이다. 따라서 회피 전략은 장기적인 불안 관리 측면에서 보자면 매우 비효율적일 뿐만 아니라, 때로는 우리가 간절히 피하고자 하는 바로 그 상황을 정확하게 촉발할 수 있다.

삶의 질을 해치지 않고 비이성적인 두려움을 해소하기 위해서는 두려움에 맞서 통과하는 방법밖에 없다. 불안 장애를 치료하는 데 가장 효과적으로 입증된 방법은 인지 행동 치료인데, 여기서 가장 중요한 과정은 노출 요법(두려움 유발 상황의 직면)이다. 목표는 습관화가 시작될 때까지 아무런 회피 전략 없이 두려움을 유발하는 상황을 견디는 것이다. 반복과 조건화를 통해 상황이 더는 두렵지 않도록 만드는 것이다.

잠깐, 내가 겁에 질려 있다면 그냥 참고 견디라는 심리 치료사의 말이나 듣자고 상담에 큰돈을 지급해야 한다는 것인가? 대단한 결론이다! 이 책에서 기대하는 바가 당신을 괴롭히는 두려움이나 불안감을 없애는 것이라면, 이 장을 읽은 다음 책을 교환해야겠다며 영수증을 어디 두었는지 찾기 시작할 수 있다. 그렇지만 독자 여러분, 내게 한 번만 더 기회를 주시길. 내 말이 처음에는 너무 순진하게 들릴 수도 있을 것이다(불안한 환자들에겐 끔찍하게 들릴 수도 있다). 하지만 습관이야말로 장기적으로 두려움을 없애는 데 가장 중요한 요소다. 행동 치료에서는 환자가 상상할 수 있는 형태와 리듬으로 두려움에 맞설 수 있도록 세밀한 계획이 만들어진다.

최악의 상황에서 즉각 사용할 수 있는 홍수 전략(거미 공포증을 앓는 환자가 거미를 집어 올리기 등) 외에도 두려움을 덜 유발하는 단계(거미의 사진이나 영상 보기, 고무 거미로 연습하는 것 등)를 먼저 계획하는 단계별 노출 전략을 활용한다. 한 단계를 넘기는 데 성공해야만 (그리고 두려움이 명확하게 줄어드는 것을 경험했을 때) 비로소 두려움의 사다리에서 다음 칸으로 움직일 수 있으며, 결국에는 최종적인 단계로 나아갈 수 있다. 여기서 다양한 안전 관리 전략(정신 교육, 인지 재구성, 호흡 및 이완 기술)은 자신감을 더하는 데 도움을 줄 수 있다. 이때 심리 치료사는 함께 치료에 임할 수 있다. 나의 경우 환자들과 함께 다리를 건너거나, 엘리베이터를 같이 타거나, 혈액검사를 같이 받거나, 백화점에 동행하거나, 거미나 뱀과 개 또는 단추(사실 단추 공포증은 그리 드물지 않다!)에 대한 두려움을 다루는 과정에 곁에 있어주기도 한다. 물론 이 개별 단계를 환자가 단독으로 수행할 수도 있다.

상상을 통해 노출 전략을 수행할 수도 있다. 연구에 따르면 '상상적 직면'은 습관화의 효과를 불러올 수 있으며, 이후에 맞이할 '실질적 직면'에 더 큰 영향을 미친다. 예를 들어 시험을 앞두고 불안을 느낄 때, 의사가 들려주는 시험 공간에 대한 세세한 묘사는 환자에게 불안을 미리 느끼도록 유도한다. 회피 전략에 의지하지 않은 채 시간이 어느 정도 지나면 불안은 다시 줄어든다. 기술이 발전함에 따라, 가상현실에서의 노출도 새로운 학습경험을 만들고 두려움을 줄이기 위한 전략이 되고 있다. 이런 방법은 단지 환자들을 심연 속에 대책 없이 던져넣는 것이 아니다. 두려움이 완전히 가라앉을 때까지 점진적으로 새로운 학습경험을 얻을 수 있도록 힘을 실어주는 것이다.

물론 삶에서 절실하게 무엇을 바꾸어야 하는지에 대한 문제는 괴로움의 수준과 연결되어 있다. 가령 당신이 스카이다이빙을 두려워하지만, 살면서 군이 스카이다이빙을 할 필요가 없다면 그것을 하지 않는 것은 지극히 타당한 결정일 수 있다. 하지만 당신의 두려움이 어떤 식으로든 삶의 질을 제한한다면, 혹은 그 반대로 특정한 두려움과 불안을 극복할 때 삶의 질이 훨씬 더 나아진다면 다음의 요소들을 고려해볼 만하다.

- 당신이 두려움이나 불안으로 인해 피하고자 하는 상황이나 사람,

장소나 활동은 무엇인가? 또 불안을 느낄 경우, 실제로는 위험하지 않다는 사실을 이성적으로는 알면서도 선택하는 대처 방식은 무엇인가?

- 두려움을 느끼는 상황을 헤쳐나가기 위해 선택하는 명백한 혹은 미묘한 전략은 무엇인가? 이러한 행동은 의식적이지 않은 것이 대부분이다. 그러므로 앞으로 자신의 행동을 잘 지켜보기 바란다. 스트레스로 가득 찬 상황에서 친구들이나 술, 진정제와 스마트폰 등에 의존하거나 일찍 자리를 뜰 핑계를 대지 않고 살아남을 수 있는가? 서두르는 대신에 느긋하게 행동함으로써 그 상황을 견딜 수 있는가? 당신을 긴장시키는 행사장에서 출구와 가까운 자리를 벗어나 사람들과 적극적으로 어울릴 수 있는가? 사람들로 가득 찬 극장이나 세미나에서, 눈에 띄지 않고는 일어설 수 없다는 사실을 알면서도 가운데나 앞 좌석에 앉을 수 있는가? 당신은 정말로 그 같은 상황에 뛰어들어, 스마트폰 속으로 머리를 박거나 여기저기 고개를 돌리지 않고도 머물 수 있는가?

- 두려움이나 회피 없이 그런 상황을 처리할 수 있다면 삶의 질이 나아질까?

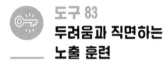

도구 83
두려움과 직면하는
노출 훈련

만약 자신이 회피 전략을 추구하고 있다는 사실을 알았다면 이제
두려움에 직면하자. 다음 정보를 기억하기 바란다.

노출 전

- 두려움을 주는 상황을 브레인스토밍하라. 혹은 당신을 좀더 편하
  게 만들거나 어렵게 만드는 유사한 상황들에 관해 설명해보라(혼
  자 있거나 누군가와 같이 있을 때, 혼잡한 출퇴근 시간이나 한가한 시
  간, 상상 속 세상 혹은 현실 세계 등).

- 백분율을 사용하여 모든 상황의 순위를 매기는 것으로 현재 상황
  이 당신에게 얼마나 큰 불안을 불러일으키는지 표시한다(100퍼
  센트=최대 불안). 두려움을 전혀 유발하지 않는 상황은 목록에서
  제외한다. 예를 들자면 상당히 쉬운 5단계, 중간 5단계, 어려운 5
  단계를 미리 계획해보라.

- 첫 번째(가장 쉬운) 단계에 도전하려면 의식적인 노력을 할 필요가
  있다. 일상생활에서 자연스럽게 두려움을 마주하기로 했다면 아
  주 훌륭한 일이다. 하지만 노출을 의식적으로 수행한다면 학습효
  과는 더 강해질 것이다. (공공장소에 대한 두려움에도 불구하고 슈퍼

마켓에 간다. 화장지가 다 떨어져서가 아니라, 두려움의 단계를 다루기 위해 의식적으로 마음을 먹었기 때문이다.) 노출 전략을 위한 날짜와 시간을 계획하라. 습관화의 효과를 경험할 수 있도록 충분히 시간을 들여야 한다.

- 무작정 노출 전략에 뛰어들지 말고, 어느 정도 마음을 가다듬고 왜 이런 선택을 하려는지 스스로 상기시킨다. '나는 이 일을 겪어야만 해'라고 강요하기보다는 왜 그래야 하는지를 의식적으로 이해시키도록 하라. 그것이 불편한 일일지라도 말이다. 더 나은 삶의 질을 위해 혹은 더 자유로운 사람이 되기를 원하기 때문이라고 (7장 참조), 당신에게 어울리는 명확한 언어로 그 목표를 표현하고 내면화하라.

- 준비되어 완전히 집중할 수 있을 때까지는 노출 전략을 시작하지 마라. 다른 문제로 마음이 심란하거나 신체적으로 건강하지 않다고 느낀다면, 이 전략을 나중으로 미루는 편이 나을 수도 있다.

노출 전략의 수행 과정에서

- 당신이 경험하고 있는 것에 집중하라. 어떤 것이 감지되는가? 그것이 무엇을 촉발하는가? 이 순간 여기에 감각을 집중하고, 주의가 흐트러지지 않도록 하라. 느긋하게 진행하라.

- 이 상황에서 일어날 수 있는 최악의 일은 당신이 겁을 먹는 것뿐

이라고 스스로 말하라. 이 두려움은 짧은 시간 동안만 지속되고, 시간이 지나면 저절로 가라앉을 것이다.

- 두려움을 받아들이라. 두려움은 위험한 것이 아니라, 자신을 보호하기 위한 신체의 자연스러운 반응임을 기억하라.
- 이를 위해 불안·불확실성을 0~10의 척도로 일정한 간격(예를 들어, 5분마다)으로 평가해보라. 기회가 있으면 다음과 같이 그래프에 두려움의 값을 기록해보라.

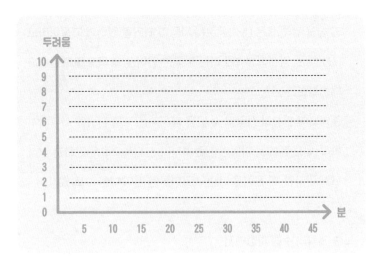

- 불안감이 서서히 줄어드는 것을 느낄 때까지 그 상황에 머물러보라. 비교 척도에서 0까지 내려갈 필요는 없지만, 적어도 절반은 감소해야 한다.

- 그 상황에 머무르는 것이 너무 어렵다고 느껴지면 휴식을 취해보라. 잠시 밖으로 나가 심호흡을 하고 진정될 때까지 기다려보자. 호흡이나 이완 운동을 해보는 것도 좋다. 가능하다면 그 상황으로 돌아가서 두려움이 가라앉기를 기다려보라.

노출 후

- 경험을 평가해보자. 당신의 두려움 그래프를 바라보라. 습관화 효과를 확인할 수 있는가?
- 만약 불안감이 감소하기도 전에 노출 전략을 포기했다면, 자신을 너무 가혹하게 대하지 마라. 이는 당신이 선택한 노출의 단계가 지금은 너무 어렵다는 의미다. 포기하지 말고 좀더 쉬운 노출 방식을 계획하는 것이 중요하다.
- 노출 전략을 습득하는 데 성공했다면 그 즉시 일상생활로 돌아가진 마라. 우선 스스로 축하해주라. 당신은 방금 매우 어려운 일을 해냈다. 이 성공을 적절하게 축하할 방법을 생각해보라. 이 행복을 누군가와 나누고 싶은가? 스스로에게 작은 선물을 주거나 즐거운 활동을 계획하고 싶은가?
- 같은 방법으로 여러 단계를 거친다. 이전 단계에 숙달한 후 다음으로 넘어갈 준비가 되었다고 느낄 때 비로소 다음 단계로 넘어간다.

"후유, 이걸 다 하라니 너무 복잡하군!" 이렇게 투덜거린다면 당신이 맞다! 다시 말하지만, 당신을 불편하게 만드는 어떤 것에 맞서 싸우는 일이 자유와 자신감 그리고 삶의 질을 드높이는 데 그만큼 효과가 있는지 따져볼 필요가 있다.

코끼리를 쫓아버리기 위해 손뼉을 치는 사람은 여생을 손뼉을 치며 보내도 된다. 그가 손뼉을 치건 말건, 코끼리나 검치호랑이에게 공격받는 일은 없을 것이다. 하지만 당신의 손이 박수로부터 자유로워지면, 당신의 삶도 훨씬 더 자유로워질 것이다.

CHAPTER

"아니요"라고
할 수 있는 능력

- 자신감 훈련 -

**아니요, 라고 할 수 있는 능력은
자유를 향한 첫걸음이다.**

– 니콜라 샹포르Nicolas Chamfort

———— 비판적인 피드백을 해야 할 때, 우리는 어째서 항상 바보같은 달걀 춤(달걀을 바닥에 깔고 그 사이에서 춤추며, 달걀을 최대한 적게 깨뜨리는 것을 목표로 하는 부활절 놀이–옮긴이)만 추고 있는가? 왜 우리는 상자에서 마지막 초콜릿을 꺼낼 때 죄책감을 느끼는가? 왜 우리는 그저 "아니요"라고 말하는 것이 그리 어려운가? 일반적으로 대인 관계 행동은 '수동적'이거나 '공격적'인 두 극단 사이에 위치해 있다.

수동적 극단에 있는 사람은 주변 사람들의 권리와 요구를 배려하

는 일이 매우 중요하다. 다른 사람에게 피해를 주거나 그를 방해하는 것을 너무 두려워한 나머지, 종종 자신의 권리와 욕구를 맨 아래에 버려둔다. 반면 공격적 극단에 있는 사람은 그와 정반대의 태도를 보인다. 다른 사람들의 권리와 욕구는 아예 눈에 들어오지 않거나 의도적으로 무시하는 반면, 모든 초점이 자신의 권리와 욕구에 맞춰져 있다.

우리의 사회적 행동은 가치 체계와 무척 밀접한 관련이 있다. 가치는 삶에서 무엇이 중요한지를 알게 해주는 것이다. 가치관이 매우 강한 경우는 '이분법적 추론 오류(흑백 사고)'에 빠지기 쉽다. 좋고 나쁜 것만 있을 뿐, 그 사이에는 아무것도 없다. 자라는 동안 혹은 성인이 되어서 다른 사람에게 이용당하지 않으려면 강한 사람이 되어야 한다고 배웠다면, 힘없는 약골이 되지 않기 위해서라도 공격적인 태도를 취하게 된다. 하지만 다른 사람에게 호감을 얻으려면 용기와 예의, 그리고 도움을 줄 수 있는 사람이 되는 일이 훨씬

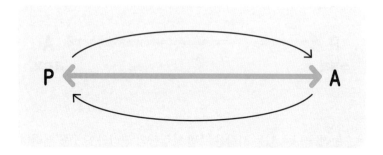

중요하다고 배웠다면, 이기적인 녀석이라는 소리를 듣지 않기 위해 배려 있게 행동할 것이다.

당신이 늘 소극적이고 모든 것을 참고 견디는 극단적인 방식으로 오랫동안 살았다면, 긴장감이 쌓이다 못해 어느새 화가 터져나올 수 있다. 그럴 때 자신도 모르게 공격적인 극단으로 치달을 수 있다("그럼 나도 나쁜 인간이네!"). 물론 나쁜 인간이 되기는 그리 쉽지 않다. 나쁜 사람을 배척하고 비난하는 우리 사회의 분위기를 생각한다면 말이다. 그렇더라도 쌓였던 에너지는 언젠가는 다시 분출되고, 결국 당신은 제풀에 나가떨어지는 식의 수동적 극단에 빠질 수 있다.

이렇게 해서 영원히 양극단을 탁구공처럼 오가는 신세가 되는 것이다. 물론 현실에서 가치관과 행동을 단 두 가지 범주로 축소하는 것은 무리다. 우리의 사회적 행동은 무한한 경우의 수를 가진 연속체와도 같으니까 말이다. 겁쟁이와 악당 사이에는 다행히도 수많은 대안이 있다. 자신감 있는 행동은 대략 두 극단의 중간 정도에 위치

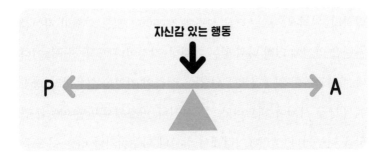

자신감 있는 행동

P ←――――――――――→ A

한다. 이런 의미에서 자신감은 자신의 권리와 욕구를 타인의 권리와 욕구와 비슷하게 존중하는 태도라고 할 수 있다. 여기서 척도가 되는 것은 수동적 태도와 공격적 태도 사이에서 얼마나 균형을 유지하느냐다.

따라서 자신감 훈련이 목표로 삼는 것은 수동적에서 공격적으로의 급격한 이동이 아니라, 저울의 중간에 좀더 가까워지는 것이다. 이 책을 포함한 훌륭한 자기계발서를 통해 독자들은 자신감에 대한 정보를 많이 얻을 수 있다. 그리고 경험을 통해 이를 직접 배울 수 있다.

도구 84
자신감의 저울

자신감 훈련을 하고 싶다면 지금부터라도 모든 사회적 상황에서 자신의 권리·욕구와 타인의 그것 사이에서 균형을 유지하도록 노력하라. 원칙적으로는 다른 사람과 접촉하는 모든 상황이 자신감 훈련을 하기에 더할 나위 없는 기회다. 직장이나 가정, 친구들이나 낯선 이들과의 일상적 조우와 같은 접촉의 기회를 활용하라. 빵집에서 빵을 사거나, 파트너와 의논하거나, 버스에서 만난 이웃과 잡담을 나누거나, 엘리베이터에서 상사와 마주치거나 하는 이 모든

상황에서 당신이 저울의 어디쯤 있는지를 자문해보라. 저울을 시각화하여 경험을 기록하는 것도 좋다.

이런 방식의 자기 성찰이 처음에 너무 어렵게 느껴진다면(혹은 생각하지 못한 방식이었다면), 자신의 행동을 분석하고 다르게 행동했더라면 어땠을지 스스로 물어보라. 이런 연습은 미래의 상황에서 더욱 자신 있게 반응하도록 도움을 준다. 이를 위해 간단한 질문을 마음에 새겨보자. 나의 권리와 욕구가 다른 사람들의 권리와 욕구와 같은 정도로 존중되는가? 만약 대답이 "아니요"라면 단호하지만 침착한 태도로, 다른 극단으로 향하기 전에 저울의 균형점에 서도록 노력해보라.

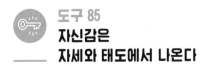

도구 85
자신감은 ___ 자세와 태도에서 나온다

자신감을 얻기 위해 의식적으로 자신의 자세와 태도에 주의를 기울여보자.

- 자신의 개성을 강조하는 자세를 취해보라. 몸짓이나 얼굴 표정에도 주의를 기울여보라.
- 자세를 웅크리지 말고 몸과 마음을 한껏 펴보라. 침착하지만 단호한 태도를 유지하라.
- 상대와 눈을 맞추고 지그시 응시한다.
- 분명하고 간결한 어조로 말한다. 속도를 의식하며 천천히 말한다.
- 상황에 맞게 목소리의 높낮이를 조정한다.
- 대화에 적극적으로 참여한다.

일상적인 상황에서도 자신감을 연습하는 일이 가능하지만 가상 훈련도 있다. 자신감을 키우기 위한 구체적인 상황을 상상하는 것만으로도, 현실에서 보다 큰 자신감을 얻을 수 있다. 거울 앞에서 연습하거나 훈련하는 모습을 영상에 담아보는 것도 효과적이다. 배우로서 역할을 수행한다고 상상해보라. 차분하고 자신감에 찬 주인공의 역할에 걸맞은 모습이 나올 때까지 여러 자세와 말투를 시도해보라.

도구 86
'나' 메시지 vs '당신' 메시지

효율적인 의사소통을 시도함으로써 자신감을 향상시키는 방법도 있다. 이런 다양한 기술들은 커뮤니케이션 심리학에서 매우 효과적인 것으로 입증되었다. '당신' 메시지는 언제나 상대방을 향한 것이다. '당신'이라고 칭하는 것은 상대방을 손가락으로 가리키는 것이다. 그러므로 '당신'이란 표현은 공격으로 여겨지기 쉽다. 상대는 본능적으로 방어나 반격을 준비하기 마련이다. 상대방은 자신이 직면한 공격에 맞대응하기 위해 모든 에너지를 집중하기 때문에, 당신의 말을 들을 여유조차 없다.

반면 '나' 메시지는 나의 경험이나 소망 혹은 생각을 먼저 내세운다. 그 안에 상대에 대한 직접적인 비난의 목소리는 없다. 물론 상대방이 여전히 저항의 반응을 보일 수는 있지만, 당신의 이야기에 먼저 귀를 기울일 확률이 훨씬 높다. "당신 또 늦었군요"라고 하는 대신 이렇게 말해보자. "이렇게 서둘러야 한다니, 나로선 참 고달픈 일이네요." 한층 더 효과적인 표현일 수 있다.

도구 87
비난보다
── 소망을 말하자

모든 비난의 이면에는 소망이 있다. 비난은 주로 상대의 잘못을 지적하기 위함이다. 반면 소망은 목표 지향적이다. 의사소통의 주요 목표가 상대의 얼굴을 후려치는 것이라면 비난을 계속하라. 하지만 보다 건설적인 해결책을 찾고 있다면, 원하는 바를 표현하는 것이 훨씬 더 나은 전략이다.

심리 치료사 만프레트 프리오어는 자신의 책《최소 최대 개입》에서 단순하지만 효과적인 'VW 경험 법칙'을 설명한다. 비난하지 말고 소망하라.[1] "당신은 진짜 집에서 아무 일도 하지 않는군요!"라고 비난하는 대신 "당신이 조금이라도 집안일을 도와주었으면 좋겠어요"라고 원하는 바를 이야기하는 쪽이 더 도움이 된다는 것이다.

도구 88
'항상', '절대로'는
── 역효과를 불러온다

현재의 걱정거리를 상대방에게 제대로 전달하려면 두루뭉술하게 말하지 말고 구체적으로 표현하라. 특히 '항상', '절대로'와 같은 단어는 역효과를 불러오므로 사용을 자제하라("당신은 항상 똑같아!", "당신은 절대로 신뢰할 수 없는 사람이야!"). 이런 일반화는 대화를 현실적인 주제에서 벗어나도록 만든다.

도구 89
사람이 아닌 행동을 비판하라

누군가에게 부정적인 피드백을 하려면, 그의 부정적 특징이나 성격("또 당신다운 행동이군!")이 아니라 당신을 힘들게 하는 구체적인 상황에서의 행동에 집중해야 한다. 구체적인 행동 방식은 바꿀 수 있지만 전체 성격을 바꾸기는 어렵다. 그러므로 변화의 범위 안에 있는 행동을 비판하면 상대방의 저항도 덜할 것이다.

도구 90
현재에 머물러라

오랫동안 알고 지냈거나 이미 잘 알고 있는 누군가와 다투는 상황이라면, 오늘의 갈등 상황은 과거에 당신을 미치게 했던 그와의 갈등 상황을 떠올리게 할 것이다("이건 지난주와 똑같은 상황이야! 2008년 실트섬에서 휴가를 보낼 때도 마찬가지였지!"). 어렵지만 지금 여기에 머무르라! 당신이 과거의 일화에 매몰된다면 갈등의 핵심 으로부터 멀어지기 쉽다.

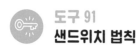

도구 91
샌드위치 법칙

누군가에게 부정적인 피드백을 주는 데 어려움을 겪고 있다면 이 규칙을 시도해보라. 비판적 표현을 긍정적 피드백 사이에 끼워넣 는 것이다.

쉽지 않겠지만 작은 칭찬에서 시작해 부정적 비판을 한 다음 긍

정적 피드백으로 재빨리 마무리하라. 우리 인간은 단순한 동물이다. 부정적 비판이 긍정의 언어로 잘 포장된다면 한결 쉽게 받아들인다.

"그 멋진 넥타이를 어디서 산 거죠? 그런데 고객 앞에서 하품을 그렇게 크게 하지 말아줬으면 좋겠어요. 아무튼 그래도 넥타이는 정말 끝내주네요!"

도구 92
"아니요"라고 말하기의
─── 네 가지 규칙

많은 사람이 "아니요"라고 거절하길 어려워한다. 자신도 언젠가는 거절의 대상이 될 수 있음을 마음 깊이 두려워하기 때문이다. 다음과 같은 상황을 상상해보라. 당신이 한 번도 부탁을 한 적이 없으므로 어떤 마음의 빚도 없는 이웃이 찾아와, 시끄럽게 짖는 자신의 개를 다시 한번 돌봐달라고 부탁한다. (벌써 당신의 카펫 위에 세 번이나 실례를 한 녀석이다.)

이웃: 안녕하세요. 죄송하지만 저희가 외출해야 하는데 베포를 좀 돌봐주실 수 있을까요? 혼자 놔두면 집 안을 갈기갈기 찢어버릴 것

같아서요.

나: 아, 네네. 근데 지금은 좀 곤란한데요. 음식 준비도 해야 하고 좀 바빠서요….

이웃: 오, 문제없어요! 약속은 뒤로 미루면 되니까 베포를 나중에 데리고 올게요.

나: ….

혹은

이웃: 안녕하세요. 죄송하지만 저희가 외출해야 하는데 베포를 좀 돌봐주실 수 있을까요? 혼자 놔두면 집 안을 갈기갈기 찢어버릴 것 같아서요.

나: 아…. 그런데 좀 곤란하네요. 제 조카가 이따 오기로 했는데 개털 알레르기가 있거든요!

이웃: (잘 안다는 듯이 웃으며) 근데 베포는 푸들이에요. 푸들 털에 알레르기가 있는 경우는 거의 없지요!

나: ….

또는

이웃: 안녕하세요. 죄송하지만 저희가 외출해야 하는데 베포를 좀 돌봐주실 수 있을까요? 혼자 놔두면 집 안을 갈기갈기 찢어버릴 것 같아서요.

나: 저런, 어쩌죠? 하필이면 우리가 휴가를 가려는 때에 오셨네요!

이웃: 그렇군요! 그럼 휴가 끝나고 뵐게요. 멋진 휴가 보내고 오세요!

나(당신이 휴가를 떠나지 않았다는 사실을 이웃이 눈치채지 못하도록 일주일 동안 온 식구가 집 밖으로 나가지 못 하는 상황에서)**:** ….

"아니요"라고 말하는 것이 좋겠다는 결론에 도달한 상황(그래야만 자신감의 저울 중간에 도달할 수 있으므로)에서는 다음 네 가지 규칙이 도움이 될 수 있다.

1. 바로 "아니요"라고 말하기

놀랍게도 우리는 이 한마디를 내뱉기를 그토록 어려워한다. 그리하여 빙빙 돌리기 일쑤다("흠… 근데 지금은 좀 곤란해요"). 이는 우리가 어쩌면 마음을 바꿀 수 있을지도 모른다고 상대방이 이해하게 만든다. 하지만 '아니요'라는 말은 확실한 의미를 전달하므로 우리의 입장을 더 빠르게 이해하고 수용하도록 만든다. 그러니 바로 "아니요"라고 말하라.

2. 자신을 정당화하지 말 것!

이는 상황을 한층 어렵게 만든다. 우리가 "아니요"라고 말하려면 합당한 이유가 있어야 하기 때문이다. 하지만 굳이 그럴 필요가 있을까? 기억해야 할 것은 당신에겐 거절할 수 있는 절대적 권리가 있다는 사실이다. 법정에 서야 할 경우가 있다면 반드시 자신을 옹호해야만 할 것이다. 하지만 그렇지 않다면 굳이 거추장스러운 치장은 필요 없다. 침착하고 친근하게 말하라. 직접적으로 말하되 지나치게 자신을 정당화하려는 노력은 하지 말아라. "죄송하지만 제가 그건 도와드릴 수가 없네요."

3. 공감을 보일 것!

이 규칙은 우리 마음을 좀더 편하게 만든다. 상대의 부탁을 이해하고 공감한다는 사실을 밝히자. 그렇지만 단호함을 유지한다. "너무 죄송하네요. 하지만 그래도 저는 안 되겠어요." 어떤 일에 미안함을 느낀다고 해서 책임을 져야 하는 것은 아니다.

4. "아니요"를 반복하라!

당신의 거절이 처음에 받아들여지지 않으면 침착하게 한 말을 반복해보라. 한결같이 같은 방식으로 답하되(마치 같은 노래를 반복하는 레코드판처럼) 자신을 정당화하려 하지 말라.

이 네 가지 간단한 규칙을 통해서 앞으로는 제대로 "아니요"라고 할 수 있는 준비가 다 된 것이다. 그러므로 "아니요"라고 해야 할 상황이 닥친다면 규칙을 미리 검토해보라. 규칙을 외워두는 것도 좋다.

다가오는 상황에 대비하기도 어렵고 막상 그런 상황에서 규칙이 떠오르지도 않는다면, 결정을 미루는 것도 좋다("미안해요, 제가 좀 당황스럽네요. 생각해보고 내일 알려줄게요"). 결정한 다음에 마음이 바뀌면 되돌리는 것도 금지된 것은 아니다(공중의 경우는 아마도 불가능하겠지만). 나중에 "아니요"라고 해도 되는 것이다("미안해요. 너무 성급하게 대답한 것 같은데, 다시 생각해보니 아무래도 안 되겠어요"). 마지막으로 규칙을 성공적으로 적용했는데도 도무지 안 통하는 사람을 만났다면, 그는 상대를 조종하는 데 꽤 능숙한 사람일 수 있다. 그러면 대화 종료라는 옵션이 있다("저기 있잖아요. 벌써 네 번이나 안 된다고 말씀드렸어요. 이제 대화를 그만하는 것이 좋겠네요").

다시 이웃과의 대화

이웃: 혹시 베포를 한 번만 더 돌봐줄 수 있을까요? 알잖아요. 혼자 집에 두면 집 안을 갈기갈기 찢어놓을걸요.

나: (친절하고 확고하게) 아니, 정말 미안하지만 그건 안 되겠네요.

이웃: 아…. 네. 근데 정말 안 될까요?

나: (여전히 친절하지만 단호하게) 안 되겠어요!

이웃: (당황하며) 알겠어요….

효과가 있지 않은가?

CHAPTER

혼자는 외롭고,
둘은 괴로운 사람들

- 관계 수업 -

빙산이 그토록 우아하게 움직이는 건,
전체의 8분의 1만이 물 위에 떠 있기 때문이다.

– 어니스트 헤밍웨이

—— 사람은 빙산과도 같다. 우리 존재의 아주 작은 부분만 물 위로 솟아 있을 뿐, 나머지 대부분은 물 아래 잠겨 있다. 헤밍웨이뿐 아니라 심리 치료의 선구자 지크문트 프로이트도 이를 잘 알고 있었다. 그는 빙산의 일각인 우리의 의식이 무의식의 영향을 받는다는 가정하에 정신분석학을 창시했다.

우리 모두는 무의식적인 가정과 기본욕구, 그리고 성격적 특성으로 구성된 거대한 얼음덩어리를 지니고 산다. 그런데 두 개의 빙산이 서로를 향해 다가온다면 무슨 일이 일어날까? 물 위에서는 서로의 거리가 가까운지 먼지를 가늠하고 조절할 수 있다. 하지만 물 아래에서는 이미 충돌이 일어난 지 오래되었을 수도 있다.

관계를 이어가다보면 때로 이유도 정확히 모른 채 갑자기 상대의 행동에 지나치게 화를 내거나 질투하거나 불안해한 적이 있을 것이다. 우리는 자신이나 타인의 수면 아래에 무엇이 잠겨 있는지

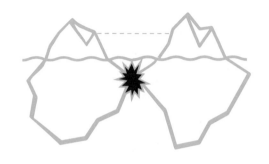

잘 알지 못하므로 의도치 않게 상처를 주는 경우가 많다. 자기도 모르게 상대를 다치게 하거나 폭발시킬 수 있는 버튼을 누르고 마는 것이다. 겉으로는 전혀 악의가 없어 보이는 행동과 말, 심지어 사랑하는 사람이나 낯선 사람의 단 한 번의 시선이 물속 얼음을 긁으며 격렬한 감정적 반응을 촉발하곤 한다. 그리하여 비슷한 형태의 갈등과 오해, 해로운 관계 패턴이 반복적으로 발생하는 것이다. 이를 막으려면 마음을 굳게 먹고 수면 아래를 살펴봐야 한다.

도구 93
경험과 행동을 이끄는
욕구들

우리의 경험과 행동을 이끄는 것은 깊이 뿌리내린 감정적 욕구다. 심리 치료 연구자 클라우스 그라베는 다음과 같은 네 가지 기본욕구를 정리한 바 있다.

- **애착:** 친밀함과 신뢰, 연결에 대한 욕구
- **통제:** 안전함과 투명성, 예측 가능성 및 자기 결정에 대한 욕구
- **자존감:** 자신을 가치 있고 사랑스러운 존재로 인식하고, 끊임없이 발전하고자 하는 욕구
- **유쾌·불쾌:** 즐겁고 유쾌한 경험을 누리고, 고통스럽고 불쾌한 경험을 피하고 싶은 욕구

그라베의 일관성 이론에 따르면, 조화롭고 건강한 삶을 살고 있다고 느끼기 위해서는 네 가지 기본욕구가 균형 있게 충족되는 것이 중요하다. 잠시 시간을 갖고 스스로에게 질문해보자.

- 네 가지 기본욕구(애착, 통제, 자존감, 유쾌·불쾌)가 충분히 충족되고 있는가?
- 기본욕구를 충족하기 위해 나는 무엇을 하고 있는가?
- 또 무엇을 더 할 수 있을까?

특히 어린 시절에 기본욕구를 충족하지 못하면 이후의 삶에 지속적인 영향을 미칠 수 있다. 심리학자이자 심리 치료사인 제프리

영이 인지 행동 치료를 통해 개발한 '스키마schema 치료'는 어릴 때의 경험을 토대로 '스키마', 즉 '삶의 도식'이 만들어진다고 본다.

도구 94
과거의 상처는 현재에 어떤 영향을 미치는가

삶의 도식은 뿌리박힌 패턴으로 자리 잡아 성인이 된 후에도 생각과 행동에 큰 영향력을 발휘한다. 예를 들어 현재의 관계에서 (의식적이든 아니든) 과거의 상처가 떠오를 때, 스키마가 무의식적으로 활성화되는 것이다. 제프리 영은 그의 이론에서 우리 모두에게 뚜렷이 나타나는 열여덟 가지 도식을 설명한다.[2]

- **버림받음·불안정성:** 버림받거나 홀로 남는 것에 대한 두려움(혹은 확신)
- **불신·학대:** 상처받거나 학대당하는 것에 대한 두려움. 끊임없이 경계하는 마음
- **정서적 박탈감:** 다른 사람들로부터 어떤 정서적 지지도 기대할 수 없다는 생각. 자신이 거부당했으며 쓸모없는 인간이라는 생각
- **부적절함·부끄러움:** 자신이 사랑이나 인정을 받을 가치가 없다

는 믿음

- **사회적 고립·소외감:** 다른 사람들과 연결되지 않는다는 느낌

- **의존성·무능력:** 외부의 도움 없이는 결정을 내리지 못한다는 무력감

- **부상·질병에 대한 민감성:** 위협에 지속적으로 노출되어 있다는 불안감

- **혼란·부족한 자아:** 자신의 정체성에 대한 감각이 거의 없음. 완전함을 느끼기 위해서 타인에게 매달리고 싶은 욕구

- **실패:** 나는 결코 성공할 수 없으며, 다른 사람보다 재능이 없거나 똑똑하지 않다는 믿음

- **특권 의식·지나친 권리 의식:** 다른 사람들에게 적용되는 규칙과 관습이 나와는 관련 없다는 믿음

- **약한 자제력:** 자기 수양이 부족하고, 좌절을 딛고 일어서는 회복 탄력성도 약함. 시작한 일을 끝마치는 데 어려움을 겪음

- **복종:** 거부당하지 않기 위해 관계 속에서 상대를 만족시키고 그대로 따르려는 태도

- **자기희생:** 자신의 욕구는 제쳐둔 채 늘 다른 사람을 위해 뭔가를 해야 한다는 마음

- **인정과 관심에 대한 욕구:** 타인에게서 인정받고자 하는 욕구. 다른 사람에게 좋은 인상을 주기 위해 끊임없이 노력함

- **부정성·비관주의:** 부정적인 경험에 초점을 맞추며, 심각한 실수를 하는 것에 대한 두려움에 시달림
- **감정적 억제:** 감정을 드러내거나 감정이 자연스럽게 흘러가는 것에 대한 두려움
- **과도한 기준·비판적 태도:** 자신이나 타인에 대해 지나치게 비판적인 태도. 모든 것을 제대로 해야 한다는 끊임없는 압박감
- **처벌의 성향:** 아주 작은 실수라도 처벌이 필요하다는 생각. 자신과 타인의 실수를 용서하거나 약점을 받아들이는 것이 어려움

일례로 어린 시절 종종 혼자 남겨진 경험이 있거나 매우 불안정하고 신뢰할 수 없는 부모 밑에서 자란 사람은 애착에 대한 기본욕구가 손상된 터라 '버림받음'의 도식이 발전되었을 수 있다. 그 결과 무의식적으로 이 도식의 렌즈를 통해 관계를 바라본다. 마치 자석처럼 도식에 들어맞는 정보에 이끌리는 것이다('그(그녀)가 계속 집

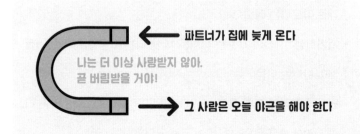

에 늦게 들어오는 건, 나와 시간을 보내기 싫어서야. 곧 나를 떠날 준비를 하는 게 틀림없어'). 반면 도식에 맞지 않는 정보(상대는 이번 주에 일이 많아서 야근을 해야 한다고 말했다)는 걸러진다.

스키마 치료에서는 각자의 상황과 성격에 따라 세 가지 '부정적 전략' 중 하나로 도식에 대처한다고 가정한다. 즉 도식을 무작정 견디거나, 무조건 피하거나, 또는 과잉 대응을 한다는 것이다.

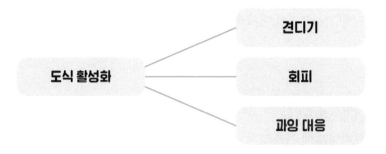

- 그저 묵묵히 견디다보면, 자신의 감정을 절대적 진실로 받아들이고 무의식적으로 같은 조건을 계속 만들어내게 된다. 예를 들어 타인이 나의 삶을 지배하도록 내버려두는 것이다.
- 회피란 특정 상황을 피하거나 약물을 남용하거나 감정을 죽이는 것과 같이, 도식의 활성화를 피할 수 있도록 삶을 설계하는 방식이다.
- 과잉 대응은 정반대로 행동함으로써 도식과 싸우는 것이다. 가령

자신이 부족하다고 느낄 때 완벽주의를 추구하는 식이다.

버림받음의 도식에 갇힌 사람은 자신도 모르게 신뢰할 수 없는 사람과 관계를 시작하거나, 상대에게 지나치게 집착하거나, 질투를 일삼는 패턴을 보인다(견디기). 또는 실망하거나 상처받는 일이 없도록 깊은 관계를 거부하고, 피상적인 우정만 허용하기도 한다(회피). 아니면 상대가 자신에게 의존하도록 만들거나, 상처받는 것을 피하고자 상대가 절교하기 전에 미리 관계를 정리하기도 한다(과잉 대응).

항상 같은 패턴의 유해한 행동이나 관계에서 벗어나지 못한다면 도식의 덫에 걸려 있지 않나 살펴볼 필요가 있다. 특히 어떤 도식이 강렬한 힘을 발휘하고 있는가? 도식을 유발하는 특정 상황을 무의식적으로 반복하거나, 피하거나, 과도하게 대응하고 있지는 않은가? 자동적인 반응의 바탕에는 무의식의 패턴이 깔려 있다는 사실을 깨달음으로써, 현재 욕구에 더욱 의식적으로 반응할 기회가 열리게 된다.

여러 도식의 기원과 특징에 관련해 인터넷에서 풍부한 자료를 찾을 수 있다. 또한 여러 도식을 더욱 잘 식별하고, 해로운 대응 방식 대신 여러모로 유익한 반응을 취하는 데 도움을 줄 수 있는 훌륭한 스키마 치료 관련 안내서[3] 등이 있다. 물론 자격을 갖춘 전문가를 통해 스키마 치료를 받는 것도 좋은 방법이다.

도구 95
메아리와
시소의 법칙

심리 치료 연구원 도널드 J. 키슬러는 대인 관계 유형을 두 가지 차원으로 분류하는 모델을 제안했다.[4]

- 우호적이거나 적대적인 행동
- 지배적이거나 순종적인 행동

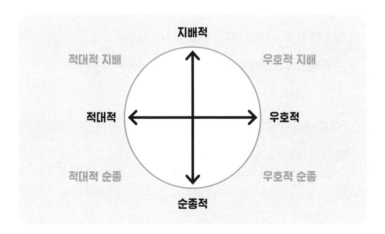

키슬러는 우리의 행동이 상대의 특정 반응을 유도한다고 가정했다. 가령 나의 우호적 행동은 상대방도 나를 우호적으로 대할 가능성을 높인다. 반면에 나의 적대적 행동은 상대방의 적대적 행동으로 이어지는 경향이 있다. 숲에서 소리를 지르면 메아리가 되어 돌아오는 것과 같다. 그런데 나의 지배적 행동은 상대의 순종적 행동으로 이어지는 경향이 있으며, 그 반대도 마찬가지다. 마치 놀이터의 시소처럼 한 사람이 내려가면 맞은편 사람이 자동으로 올라간다.

파트너와의 관계에서 비슷한 패턴의 불만족스러운 행동을 마주한다면, 당신이 가진 행동 패턴이 그것을 야기하고 있지 않은지 자문해보자. 앞의 모델을 사용하여 구체적인 상황을 분석해볼 수 있다.

- 해당 척도에서 당신은 어디쯤에 위치하는가?
- 당신의 행동이 상대방의 반응을 설명해주는가?
- 만약 당신이 다르게 행동했다면, 상대의 반응은 어땠을까?

상대가 당신이 원하는 행동을 하길 바란다면 앞으로는 의식적으로 우호적인 태도를 보이려 노력해보자.

나		다른 사람
우호적	→	우호적
적대적	→	적대적
지배적	→	순종적
순종적	→	지배적
우호적-지배적	→	우호적-순종적
우호적-순종적	→	우호적-지배적
적대적-지배적	→	적대적-순종적
적대적-순종적	→	적대적-지배적

도구 96
관계의 패턴
파악하기

키슬러의 모델은 또한 제임스 P. 매컬러[5]에 따르면 '심리 치료의 인지 행동 분석 시스템CBASP'이라는 번거로운 명칭의 치료법으로 사용되며, 관계에서의 사고와 행동 패턴에 초점을 맞추고 있다. 매우 효과적인 것으로 입증된 만성우울증에 대한 CBASP 치료에서는 구조적 상황 분석과 같은 방식을 제안한다. 당신이 우울증을 앓고 있지 않더라도 이 분석 방식은 무의식적인 반응 패턴을 발견하는

데 도움이 될 수 있다. 두 사람의 현재 관계에 비추어 다음 사항을
차례로 살펴보라.

1. 정확히 어떤 일이 일어났는지 객관적으로 서술해보라.
2. 그 일에 대한 당신의 주관적 해석을 적어보라.
3. 그 상황에서 당신이 한 말과 행동을 정확하게 묘사해보라.
4. 상황이 어떻게 끝났는지 묘사해보라.
5. 상황이 어떻게 끝나기를 원하는가?
6. 원하는 결과를 얻었는가? ("예" 또는 "아니요"로 명확하게 대답할 것.)
7. 원하는 결과가 현실적이고 달성 가능한가?
8. 당신의 해석이 맞는가? 원하는 결과를 얻는 데 그 해석이 도움되는가? 추가할 만한 다른 해석이 있다면 무엇일까?
9. 원하는 결과를 얻으려면 당신은 어떤 행동을 해야 할까?
10. 당신이 원하는 방향으로 관계가 흐르지 않더라도 의지할 수 있는 지속적인 전략이 있는가? 아니면 전적으로 당신의 해석에 달려 있는가?
11. 한 상황에서 얻은 교훈을 다른 상황에 어떻게 적용할 수 있을까?

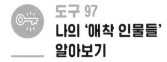

도구 97
나의 '애착 인물들' 알아보기

CBASP 치료법에서는 우리의 반응 패턴이 형성되는 데 지대한 영향을 미친 애착 인물들에 대한 목록을 작성할 것을 제안한다. 이 방법을 시도하고 싶다면, 살면서 당신의 삶에 가장 큰 영향을 미친 사람들(부모나 형제, 스승 등)이 누구인지 자문해보라. 그런 다음 질문에 하나씩 답해보라.

- 이 사람은 나에게 어떤 친밀함과 다정함을 보여주었는가?
- 내가 뭔가를 잘못했을 때 이 사람은 어떤 반응을 보여주었는가?
- 이 사람은 나의 정서적 욕구에 어떻게 반응했는가?
- 내가 부정적인 감정을 표현했을 때 이 사람은 어떻게 반응했는가?

애착 목록의 배경에 대한 상황 분석에서 당신의 해석을 살펴보자. 과거에 당신을 돌보았던 사람들과의 경험이 오늘날 당신이 관계 안에서 때때로 보이는 일련의 반응과 관련 있지 않은가? 이 경우 이른바 '대인 관계 분별 훈련(이전 관계와 현재 관계가 어떻게 다른지 의식적으로 구분하는 훈련-옮긴이)'이 좋은 방법으로 제시될 수 있다. CBASP 치료를 통해 전문 치료사와 함께 이 방법을 시도할 수 있

다. 아니면 규칙적으로 스스로 상황을 분석하는 훈련을 통해 자가
치료를 할 수도 있다.

도구 98
내 안에 있는
네 개의 자아들

'교류 분석 이론'은 대인 관계 패턴에 관하여 다른 관점을 제공한
다. 정신과 의사 에릭 번에 의해 고안된 이 심리학적 모델에서는
상호작용하는 두 사람 간의 의사소통 교환을 일종의 교류로 설명
한다.[6] 두 사람이 각기 다른 자아 상태에서 행동하고 반응하면서
소통한다는 것이다.

- 부모-자아 상태에서 우리는 권위적인 사람처럼 생각하고 행동한
  다. 부모로부터 의식적·무의식적으로 물려받은 가치관과 규칙,
  규범이 내 안에 내재되어 있다가 드러나는 것이다. 부모인 나는
  다정할 때도 비판적일 때도 있다. 비판적인 부모의 상태에서 우
  리는 다른 사람들을 고압적으로, 권위적으로 혹은 선심 쓰는 듯이
  대하는 경우가 많다. 반면 다정한 부모의 상태에서는 다른 사람들
  을 걱정하거나 품어주는 모습을 많이 보인다.

- 어른-자아 상태에서 우리는 논리적이고 적절하게 행동한다. 우리는 의식적으로 현재 상황에 반응하고 객관적인 정보에 집중한다.
- 아이-자아 상태에서 우리는 마치 어린 시절로 돌아간 듯이 생각하고 행동한다. 그 아이는 말을 잘 듣거나, 반항적일 수도 있고, 자유로울 수도 있다. 순응적 상태에서 우리는 다른 이들에게 친절하고 순종적인 태도를 보이려 노력한다. 하지만 반항적 상태에서는 다른 사람의 권위에 대항한다. 자유로운 아이의 상태에서는 감정과 욕구를 자연스럽고 자발적인 방식으로 표현한다.

그러므로 대인 관계에서는 이처럼 다양한 패턴이 작용한다.

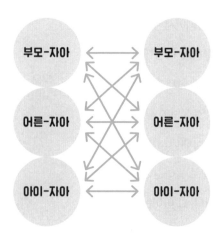

두 사람의 관계에서 항상 부정적인 결과를 초래하는 소통의 패턴이 반복되는 것은 번에 의하면 '심리 게임'에 따른 것이다. 예를 들어, '비판적 부모-자아'와 '아이-자아'의 의사소통 방식은 '반항적 아이-자아'와 '부모-자아'라는 반응을 불러오는 식이다.

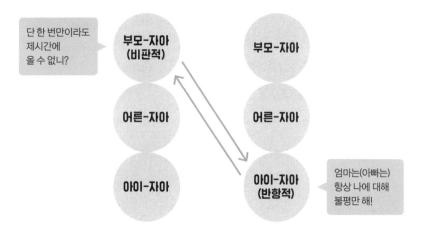

동일한 상황에서 아래와 같이 다른 교류 패턴이 있을 수도 있다.

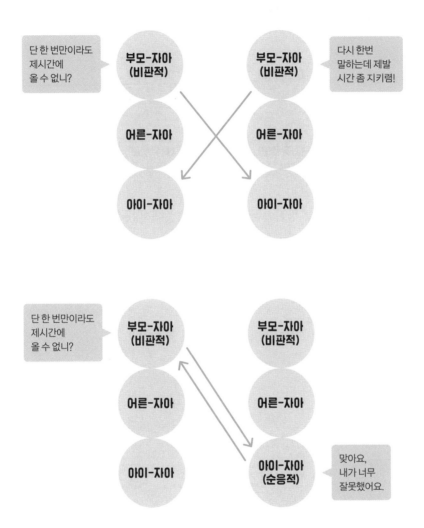

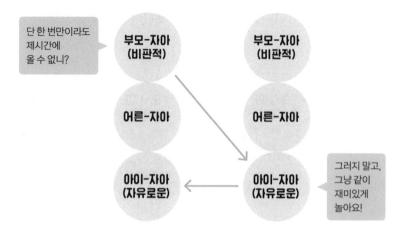

가령 의사소통 방식이 어른-자아의 수준에서 다음과 같다면, 훨씬 효과적인 소통이 이루어질 것이다.

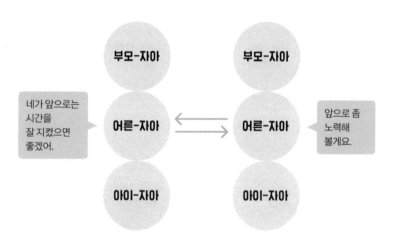

교류 분석은 자신의 성격과 다른 사람의 성격, 그리고 관계의 역학에 대한 귀중한 통찰력을 보여준다. 또한 심리 게임을 풀이해준다. 앞으로 대인 관계에 갈등이 생길 때, 당신이 어떤 자아 상태로 의사소통을 했으며 그것이 상대에게 어떤 반응을 유발했는지 자문해보라. 여러 가지 교류 패턴은 현실에 맞는 사고와 행동을 발전시키기 위한 대안들을 보여줄 수 있다.

관계를 파국으로 이끄는 ─── 악순환 모델

심리학자이자 의사소통 전문가인 프리데만 슐츠 폰 툰은 4면으로 이루어진 악순환의 형태를 통해 제대로 기능하지 못하는 관계를 설명하려 한다.[7] 이 모델에서는 시작과 끝이 확실하게 구별되지 않는다. 상호작용하는 두 사람은 자신이 상대의 행동에만 반응한다고 확신한다.

가령 커플 중 한 사람이 상대가 관계를 위해 시간을 내지 않는다고 끊임없이 불평할 수 있다. 하지만 그럴 때 상대방은 지속적인 불평에 진저리를 치거나 속박당한다고 느껴서 오히려 더 뒷걸음질칠 수 있다. 역으로 이러한 행동은 상대로 하여금 무시당했다는

느낌을 강화시켜 더 많은 불평을 하도록 만든다. 결과적으로 점점 갈등이 쌓이는 악순환으로 이어져, 어느 순간 사소한 일에서 커다란 갈등으로 증폭될 수 있다.

이런 역학은 어찌 보면 매우 인간적이기도 하다. 하지만 이를 깨닫고 의문을 제기하는 것은 악순환을 벗어날 수 있는 길을 내기도 한다. 어째서 관계에서 항상 같은 막다른 골목에 갇히고 마는지를 이해하고 싶다면 이 악순환의 역학을 눈여겨봐야 할 필요가 있다.

당신의 파트너가 열린 자세를 가지고 있다면, 두 사람이 함께 이 모델을 살펴보는 것이 매우 바람직하다. 이는 마치 두 사람의 관계에서 일어나는 일을 위에서 내려다보는 것과 같은 관점을 제공한다. 이 같은 관점의 변화만으로도 악순환은 잠시 멈추게 되는데, 이를 통해 관계의 역학을 보다 선명하게 이해하고 질문할 수 있게 된다.

도구 100
네 개의 귀와
네 개의 부리

슐츠 폰 툰의 의사소통 심리학에서 잘 알려진 것은 '사각형 모델'이다. 이 모델은 네 가지 다른 측면을 기반으로 메시지를 해석하는 방법을 보여준다.[8]

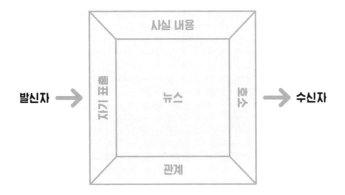

- **사실 내용:** 객관적 정보
- **호소:** 소원 또는 요청
- **관계:** 관계에 대한 단서
- **자기 표출:** 자신의 감정, 필요 또는 가치에 대한 진술

발신자와 수신자가 항상 동일한 주파수로 소통하는 것은 아니다. 가령 "휴지통이 넘치고 있네"처럼 겉보기에 중립적인 문장은 여러 방식으로 해석될 수 있다. 설령 발신자가 실제로 '쓰레기통을 비우세요!'라는 의미로 말할지라도(호소), 수신자는 이론적으로 사실적 차원에서 "맞아요, 상당히 꽉 찼네요"라고 대답할 수도 있다. 아니면 이 소식을 비판으로 받아들이고 발끈할 수도 있다. "나도 집에서 일할 만큼 한다고!"

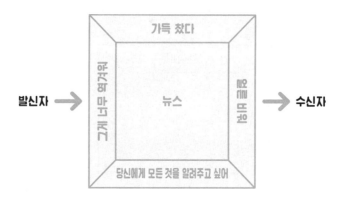

슐츠 폰 툰은 우리 모두가 메시지의 네 면에 해당하는 네 쌍의 부리와 귀를 가지고 있다고 설명한다. 어떤 관계에서는 본능적으로 한쪽 귀가 다른 쪽 귀보다 더 잘 들리기도 한다. 예를 들어 사실을 전달하는 메시지에서도 우리는 호소나 비판의 메시지를 듣곤 한다.

발신자 (호기심): "국물에 혹시 고수가 들어갔어?"
수신자 (분노): "싫으면 직접 요리하시든가!"

관계에서 불만족스러운 의사소통 패턴이 계속 반복된다면, 혹시 당신이 다른 주파수로 소통하고 있지 않은지 자문해보라. 앞으로는 소통 사각형을 사용하여 주고받는 메시지를 분석해보라.

- 메시지를 보내기 위해 (당신은 또는 당신의 파트너는) 어떤 부리를 사용하려 했는가?
- 마침내 귀를 기울이는 데 어떤 귀가 사용되었는가?
- 그 메시지는 다른 측면에서는 어떻게 해석될 수 있을까?
- 어떻게 하면 당신의 메시지가 원하는 귀로 전달될 수 있도록, 더 명확하게 표현할 수 있을까?

대인 관계라는 배 위에는 언제나 두 사람이 타고 있다. 한 사람이 노를 저으면 배가 앞으로 나아가게 된다. 하지만 다른 한 사람이 같은 방향으로 노를 젓지 않으면 배는 그저 같은 자리에서 맴돌 뿐이다. 마지막으로 1930년대에 나온 만화 속의 한 일화를 들려주겠다. 라디오에서 흘러나오는 메시지를 담은 유명한 풍자만화의 내용은 다음과 같다.

- 충돌을 피하려면 항로를 북쪽으로 15도 변경하시오.
- 충돌을 피하기 위해 남쪽으로 15도 방향으로 바꿀 것을 추천합니다!
- 나는 미 해군 함선의 선장입니다. 반복합니다. 진로를 바꾸세요!
- 아니요, 반복해서 말하지만 그쪽에서 항로를 바꾸어야 합니다!
- 여기는 USS 링컨 항공모함입니다. 우리는 세 척의 구축함과 세 척의 순양함 그리고 여러 척의 보급선을 동반하고 있습니다. 당장 북위 15도로 항로를 변경할 것을 요구합니다. 그렇지 않으면 우리 배의 안전을 보장하기 위한 조치가 취해질 것입니다!
- 여기는 등대입니다. 이번에는 그쪽이 바꿀 차례요!

관계에서 자신과 다른 사람의 반응 패턴을 더 잘 이해하고자 수면 아래를 들여다보는 데는 다양한 방법들이 있다. 자신의 기본욕구가 무엇인지를 판단해보고, 도식을 들여다보며, 관계 패턴을 분석하고, 악순환에 주의를 기울이고, 당신이 어떤 관점에서 행동하거나 반응하는지, 어떤 부리로 말하고 어떤 귀로 듣는지 스스로 물어보라. 특히 당신이 늘 관계에서 갈등 국면에 처한다면 이를 자세히 들여다보는 것이 좋다. 때로는 배라고 생각했던 것이 단지 등대일 수 있는 것이다.

집에 공구함이 있다면, 자주 쓰는 낡은 멍키스패너를 제외한 나머지 공구들은 거의(혹은 한 번도) 사용한 적 없을 것이다. 밸브 스템 실 플라이어는 대체 무엇을 위한 도구일까?!

　마찬가지로 이 책에 제시된 심리 도구 중 특히 유용하게 느껴진 것이 있을 테다. 유용한 게 하나도 없었다면, 당신은 뛰어난 정신 건강을 지닌 사람이니 축하할 일이다! (그럼에도 이 책을 끝까지 읽고 있는 인내심에도 경외를!)

　하지만 그렇다 할지라도 도구 상자가 잘 보관되어 있다면 좋은 일이다. 살다보면 '밸브 스템 실'을 갑자기 교체해야 할 일도 생기지 않겠는가? 그러니 살면서 발생할 수 있는 일종의 보수공사에 대한 참고자료로 이 책을 대하면 좋겠다. 어쩌면 당신에게 맞는 뭔가가 있을지도 모르니 말이다.

　책이 심리 치료를 대체할 수 없다는 것은 분명하다. 혹시 당신이 가진 심리적 문제들이 삶의 부담을 증가시키거나 생활의 질을 떨어뜨리고 있다고 느낀다면, 주저 말고 전문적인 도움을 받길 바란다.

신뢰를 보여준 출판사에 감사를 말을 전하고 싶다. 전문적이면서도 편안한 조언으로, 나를 응원해주고 동기를 부여해준 프로젝트 매니저 이자벨 뮐러 님께 큰 감사를 전한다. 편집자 라라 보엘터의 인내심과 귀중한 지원에도 깊은 감사를 드리고 싶다.

나의 심리 치료에 대한 이해는 연구 활동과 연이은 훈련을 통해서뿐 아니라, 개별 환자에게 적응시키기 위해 반복적으로 치료 방식을 수정하고 개선하는 방식을 통해서도 이루어졌다. 치료 개념의 창의적인 응용이나 다양한 설명 사례, 모델 및 은유는 내가 받은 다채로운 영향의 산물이라고 할 수 있다. 그러므로 나는 이 책에 어떤 방식으로든 기여해준 모든 이들에게 감사를 전하고 싶다.

특히 레베카 바르트, 아멜리 차이메트, 엘리자베트 자이메츠, 소냐 레르케, 프랑수아즈 뮌스터, 리지 세븐, 파울라 페레이라, 파티마 페잔, 크리스티네 아렌트, 에바 크로프-밀레크 등 나에게 조언과 지원, 모범을 제공해준 수많은 심리 치료사들에게 감사를 드리고 싶다.

친절한 조언을 해주신 얀야 비테에게도 각별한 감사를 전한다.

그리고 항상 너무 조여져 있는 나사를 풀어주는 역할을 하는 나의 아내 로라에게도 감사의 말을 전하고 싶다.

• Atkinson, J. W. (1957). Motivational determinants of risk-taking behavior. *Psychological Review, 64*, 359-372.

• Atkinson, J. W. & Litwin, G. H. (1960). Achievement motive and test anxiety conceived as motive to approach success and motive to avoid failure. *The Journal of Abnormal and Social Psychology, 60*(1), 52-63.

• Balthasar, C. & Wiese, T. (2014). *Warum Kugelschreiber tödlicher sind als Blitze: Verblüffende Statistiken über die Gefahren und Risiken unseres Lebens.* Riva.

• Bandler, R. & Grinder, J. (1982) *ReFraming: Neuro-Linguistic Programming and the transformation of meaning.* People Press.

• Beaulieu, D. (2005). *Impact-Techniken für die Psychotherapie.* Carl Auer.

• Beck, A. T., Rush, A. J., Shaw, B. F. & Emery, G. (1979). *Cognitive therapy of depression.* Guilford press.

• Berne, E. (1961). *Transactional analysis in psychotherapy: A systematic individual and social psychiatry.* Grove Press.

• Bohus, M. & Wolf-Arehult, M. (2013). *Interaktives Skillstraining für Borderline-Patienten. Das Therapeutenmanual* (2. aktualisierte und erw. Aufl.). Klett-Cotta.

• Bradbury, T. N. & Fincham, F. D. (1990). Attributions in marriage: review and critique. *Psychological Bulletin, 107*, 3-33.

• Carney, D. R., Cuddy, A. J. C. & Yap, A. J. (2010). Power posing: Brief nonverbal displays affect neuroendocrine levels and risk tolerance. *Psychological Science, 21*, 1363-1368.

• de Shazer, S. & Molnar, A. (1984). Four useful interventions in brief family therapy. *Journal of Marital and Family Therapy, 10*, 297-304.

• de Shazer, S. (1988). *Clues: Investigating solutions in Brief Therapy.* Norton & Co.

- Doran, G. T. (1981). There's a S.M.A.R.T. way to write management's goals and objectives. *Management Review, 70*(11), 35-36.
- Dudenredaktion (o.J.): *"Müssen" auf Duden online.* URL: https://www.duden.de/node/279299revision/689553 (Abrufdatum: 21.12.2021).
- Dudenredaktion (o.J.): *"Tollpatsch" auf Duden online.* URL: https://www.duden.de/node/183302/revision/595876 (Abrufdatum: 21.12.2021).
- D'Zurilla, T. J. & Goldfried, M. R. (1971). Problem solving and behavior modification. *Journal of Abnormal Psychology, 78*(1), 107-126.
- Ellis, A. (1957). Rational psychotherapy and individual psychology. *Journal of Individual Psychology, 13*, 38-44.
- Festinger, L. (1954). A theory of social comparison processes. *Human Relations, 7*, 117-140.
- Gendlin, E. T. (1978). *Focusing.* Everest House.
- Godden, D. R. & Baddeley, A. D. (1975). Context-dependent memory in two natural environments: On land and underwater. *British Journal of Psychology, 66*(3), 325-331.
- Grawe, K. (2004). *Neuropsychotherapie.* Hogrefe.
- Grotlüschen, A. & Buddeberg, K. (Hrsg.) (2020). *LEO 2018. Leben mit geringer Literalität.* wbv.
- Hayes, S., Strosahl, K. & Wilson, K. (1999). *Acceptance and Commitment Therapy: An experiential approach to behavior change.* Guilford Press.
- Hebb, D. O. (1949). *The organization of behavior. A neuropsychological theory.* Wiley.
- Huth, A. G., de Heer, W. A., Griffiths, T. L., Theunissen, F. E. & Gallant, J. L. (2016). Natural speech reveals the semantic maps that tile human cerebral cortex. *Nature, 532*(7600), 453-458.
- Jacobson, E. (1929). *Progressive Relaxation.* University of Chicago Press.
- Jamieson, J. P., Nock, M. K. & Mendes, W. B. (2012). Mind over matter: Reappraising arousal improves cardiovascular and cognitive responses to stress. *Journal of Experimental Psychology: General, 141*(3), 417-422.

- Kabat-Zinn, J. (2013). *Full catastrophe living: Using the wisdom of your body and mind to face stress, pain, and illness* (2. Aufl.). Bantam Dell.
- Kaluza, G. (2015). *Stressbewältigung. Trainingsmanual zur psychologischen Gesundheitsförderung* (3. Aufl.). Springer.
- Keller, A., Litzelman, K., Wisk, L. E., Maddox, T., Cheng, E. R., Creswell, P. D., & Witt, W. P. (2012). Does the perception that stress affects health matter? The association with health and mortality. *Health Psychology, 31*(5), 677-684.
- Kentzler, C. & Richter, J. (2010). *Stressmanagement. Das Kienbaum Trainingsprogramm.* Haufe-Lexware.
- Kessler, R. C., Berglund, P., Demler, O., Jin, R., Merikangas, K. R. & Walters, E. E. (2005). Lifetime prevalence and age-of-onset distributions of DSM-IV disorders in the National Comorbidity Survey Replication. *JAMA Psychiatry, 62*, 593-602.
- Kiesler, D. J. (1983). The 1982 interpersonal circle: a taxonomy for complementarity in human interactions. *Psychological Review, 90*, 185-214.
- Kolitzus, H. (2003). *Das Anti-Burnout Erfolgsprogramm.* dtv.
- Lazarus, R. S. & Folkman, S. (1984). *Stress, appraisal, and coping.* Springer.
- LeDoux, J. E. (1996). *The emotional brain: The mysterious underpinnings of emotional life.* Simon & Schuster.
- Lewinsohn, P. M. (1974). A behavioral approach to depression. In R. J. Friedman & M. M. Katz (Hrsg.), *Psychology of depression: Contemporary theory and research* (S. 157-178). Wiley.
- Linden, M., Baumann, K. & Schippan, B. (2006). Weisheitstherapie. Kognitive Therapie der Posttraumatischen Verbitterungsstörung. In A. Maercker & R. Rosner (Hrsg.), *Psychotherapie der post-traumatischen Belastungsstörungen* (S. 208-227). Thieme.
- Linehan, M. (2015). *DBT Skills Training Manual* (2. Aufl.). Guilford Press.
- Lutz, R. & Koppenhöfer, E. (1983). Kleine Schule des Genießens. In R. Lutz (Hrsg.), *Genuß und Genießen. Zur Psychologie genußvollen Erlebens und Handelns* (S.

112-125). Beltz.

- McCullough, J. P. (2000). *Treatment for chronic depression: Cognitive Behavioral Analysis System of Psychotherapy (CBASP)*. Guilford.

- Meichenbaum, D. (1977). *Cognitive-behavior modification: An integrative approach*. Plenum.

- Miller, W. R. & Rollnick, S. (2013). *Motivational interviewing: Helping people change* (3. Aufl.). Guilford Press.

- Moreno, J. L. (1951). *Sociometry, experimental method and the science of society*. Beacon House.

- Peseschkian, N. (2008): *Der Kaufmann und der Papagei. Orientalische Geschichten in der Positiven Psychotherapie* (29. Aufl.). Fischer.

- Prior, M. (2021): *MiniMax-Interventionen. 15 minimale Interventionen mit maximaler Wirkung* (16. Aufl.). Carl Auer.

- Satir, V., Banmen, J., Gerber, J. & Gomori, M. (1991). *The Satir model: Family therapy and beyond*. Science & Behavior Books.

- Schultz, J. H. (1932). *Das autogene Training (konzentrative Selbstentspannung). Versuch einer klinisch-praktischen Darstellung*. Thieme.

- Schulz von Thun, F. (2011a). *Miteinander reden 1. Störungen und Klärungen. All gemeine Psychologie der Kommunikation* (Sonderausgabe). Rowohlt-Taschenbuch.

- Schulz von Thun, F. (2011b). *Miteinander reden 2. Stile, Werte undPersönlichkeitsent wicklung: Differentielle Psychologie der Kommunikation* (Sonderausgabe). Row ohlt-Taschenbuch.

- Seligman, M. E. & Maier, S. F. (1967). Failure to escape traumatic shock. *Journal of Experimental Psychology, 74*(1), 1-9.

- Simons, D. J. & Chabris, C. F. (1999). Gorillas in our midst: Sustained inattentional blindness for dynamic events. *Perception, 28*, 1059-1074.

- Statistisches Bundesamt, Fachserie 11, Reihe 4.3.1, 1980-2020.

- Steinbeck, J. (1952). *East of Eden*. The Viking Press.

- Strack, F., Martin, L. L. & Stepper, S. (1988). Inhibiting and facilitating conditions of the human smile: A nonobtrusive test of the facial feedback hypothesis. *Journal of Personality and Social Psychology, 54*(5), 768-777.

- Sunstein, C. (2002). Probability neglect: emotions, worst cases, and law. *Yale Law Journal, 112,* 61-107.

- Susskind, D. J. (1970). The Idealized Self-Image (ISI): A new technique in confidence training. *Behavior Therapy, 1*(4), 538-541.

- Unsalan, Q., Bayatli, A. & Jenniskens, P. (2020). Earliest evidence of a death and injury by a meteorite. *Meteoritics and Planetary Science, 55*(4), 886-894.

- Watzlawick, P. (2009). *Anleitung zum Unglücklichsein* (7. Aufl.). Piper.

- Weiner, B. (1986). *An attributional theory of motivation and emotion.* Springer.

- Wells, A. (2009). *Metacognitive therapy for anxiety and depression.* Guilford Press.

- Yerkes, R. M. & Dodson, J. D. (1908). The relation of strength of stimulus to rapidity of habit-formation. *Journal of Comparative Neurology and Psychology, 18*(5), 459-482.

- Young, J. E., Klosko, J. S. & Weishaar, M. E. (2008). *Schematherapie. Ein praxisorientiertes Handbuch* (2. Aufl.). Junfermann.

- Young, J. E. & Klosko, J. S. (2006). *Sein Leben neu erfinden: Wie Sie Lebensfallen meistern. Den Teufelskreis selbstschädigenden Verhaltens durchbrechen... Und sich wieder glücklich fühlen* (4. Aufl.). Junfermann.

CHAPTER 1

1. Satir et al., 1991.
2. Doran, 1981년에 세운 방법론.
3. Atkinson, 1957.
4. Atkinson & Litwin, 1960.
5. de Shazer, 1988.

CHAPTER 2

1. Hayes et al., 1999.
2. Watzlawick, 2009, S. 27.
3. Yerkes & Dodson, 1908.
4. de Shazer & Molnar, 1984.
5. Beck et al., 1979.

CHAPTER 3

1. Kaluza, 2015.
2. Miller & Rollnick의 연구, 2013.
3. D'Zurilla & Goldfried, 1971.

CHAPTER 4

1. Godden & Baddeley, 1975.

CHAPTER 5

1. Ellis, 1957.

CHAPTER 6

1. Unsalan et al., 2020.
2. Beck et al., 1979.
3. Donald Meichenbaum, 1977.
4. Kentzler & Richter, 2010.
5. Dorothy Susskind, 1970.

CHAPTER 7

1. Huth et al., 2016.
2. Donald Hebb, 1949.
3. Klaus Grawe, 2004.

CHAPTER 8

1. Richard Bandler & John Grinder, 1982.
2. Peseschkian, 2008, S.120-121.
3. Marsha Linehan, 2015.
4. Bohus & Wolf-Arehult, 2013.
5. Linden et al., 2006.

CHAPTER 9

1. Balthasar & Wiese, 2014.
2. Sunstein, 2002.
3. Festinger, 1954.
4. Grotlüschen & Buddeberg, 2020.

CHAPTER 10

1. Weiner, 1986.

2. Seligman & Maier, 1967.

3. Bradbury & Fincham, 1990.

CHAPTER 11

1. Adrien Wells, 2009.

2. Hayes et al., 1999.

CHAPTER 12

1. Hayes et al., 1999.

CHAPTER 13

1. Peter M. Lewinsohn, 1974.

2. Kolitzus, 2003.

3. Lutz & Kopenhöfer, 1983.

4. Moreno, 1951.

CHAPTER 14

1. Simons & Chabris, 1999.

2. Beaulieu, 2005, S. 52.

CHAPTER 15

1. Strack et al., 1988.

2. Gendlin, 1978.

3. Carney et al., 2010.

CHAPTER 16

1. Kessler et al., 2005.

2. Lazarus & Folkman, 1984.

3. LeDoux, 1996.

4. Keller et al., 2012.

5. Jamieson et al., 2012.

CHAPTER 17

1. Bucay, 2020, S. 147-148.

2. Jacobson, 1929.

3. Schultz, 1932.

4. Kabat-Zinn, 2013.

CHAPTER 18

1. Watzlawick, 2009, S. 53.

CHAPTER 19

1. Prior, 2021.

CHAPTER 20

1. Klaus Grawe, 2004.

2. Young et al., 2008.

3. 예를 들어, Young & Klosko, 2006.

4. Kiesler, 1983.

5. James P. McCullough, 2020.

6. Berne, 1961.

7. Schulz von Tun, 2011b.

8. Schulz von Tun, 2011a.

내 기분 사용법

초판 1쇄 발행 2023년 7월 14일

지은이 | 사샤 바힘
옮긴이 | 이덕임
발행인 | 김형보
편집 | 최윤경, 강태영, 임재희, 홍민기, 김수현
마케팅 | 이연실, 이다영, 송신아
디자인 | 송은비
경영지원 | 최윤영

발행처 | 어크로스출판그룹(주)
출판신고 | 2018년 12월 20일 제 2018-000339호
주소 | 서울시 마포구 양화로10길 50 마이빌딩 3층
전화 | 070-8724-0876(편집) 070-8724-5877(마케팅) 팩스 | 02-6085-7676
이메일 | across@acrossbook.com

한국어판 출판권 ⓒ 어크로스출판그룹(주) 2023

ISBN 979-11-6774-108-0 03180

만든 사람들
편집 | 고아라
디자인 | 석운디자인